U0604480

中国电力行业国际合作

年度发展报告

2024

中国电力企业联合会　编著

中国电力出版社
CHINA ELECTRIC POWER PRESS

图书在版编目（CIP）数据

中国电力行业国际合作年度发展报告. 2024 / 中国
电力企业联合会编著. -- 北京 ：中国电力出版社，
2024. 8. -- ISBN 978-7-5198-9113-8

Ⅰ. F426.61

中国国家版本馆 CIP 数据核字第 20242UM526 号

出版发行：中国电力出版社

地　　址：北京市东城区北京站西街 19 号（邮政编码 100005）

网　　址：http://www.cepp.sgcc.com.cn

责任编辑：杨　扬（010-63412524）

责任校对：黄　蓓　郝军燕

装帧设计：赵姗姗

责任印制：杨晓东

印　　刷：三河市万龙印装有限公司

版　　次：2024 年 8 月第一版

印　　次：2024 年 8 月北京第一次印刷

开　　本：889 毫米×1194 毫米　16 开本

印　　张：9

字　　数：189 千字

定　　价：398.00 元

中国电力行业国际合作年度发展报告
2024

编 委 会

主　编　杨　昆

副主编　江宇峰

编　委　许光滨　刘冬野

中国电力行业国际合作年度发展报告 2024

编 写 组

组　长　许光滨

副组长　刘冬野

统　稿　刘　坤　徐　丹

成　员　（按姓氏笔画排序）

王　樊　吕卓琳　朱　黔　齐　娜

孙梦婕　李书鹏　李祎晨　汪明达

苑　迪　赵　萌　郝　婕　索德波

黄　遵　熊　珂　魏　武

前 言
PREFACE

　　《中国电力行业国际合作年度发展报告》是中国电力企业联合会"1+N"年度系列报告之一。《中国电力行业国际合作年度发展报告》从2019年正式出版以来，秉持中国电力企业联合会（以下简称中电联）立足行业、服务企业、联系政府、沟通社会的功能定位，力求通过翔实的数据、客观的分析与图文并茂的展现形式，向全社会发布和展示中国电力行业国际合作年度工作开展情况。

　　《中国电力行业国际合作年度发展报告2024》（以下简称《国际合作年度发展报告2024》）由综述、全球电力工业现状、中国电力行业国际交流与合作、中国电力企业对外投资与工程承包、中国电力"一带一路"合作、中国电力企业海外践行责任担当、中国电力行业国际合作形势分析与展望及附录8个部分组成。《国际合作年度发展报告2024》呈现了新冠肺炎疫情过后中国电力行业国际合作业务工作亮点，分析了中国电力行业未来开展国际合作业务面临的机遇和挑战，提出合理化建议，并就推动新质生产力加速出海路径进行了研究探讨。《国际合作年度发展报告2024》力求做到内容全面、结构完整、数据翔实、研判客观。

　　为深入、系统、专业地展示电力行业各专业领域发展情况，中电联还组织编撰了电力供需分析、电力工程建设质量、标准化、可靠性、电力行业造价管理、电力行业人才、数字化、科技创新、电气化、法治合规等专业领域的年度系列报告，形成了以《中国电力行业年度发展报告》为龙头，以各专业领域年度报告为支撑的"1+N"年度发展系列报告体系，本报告为"1+N"报告体系的重要组成部分。

　　我们真诚地希望，《国际合作年度发展报告2024》能够成为为中电联会员单位为社会服务的重要载体，成为电力国际化从业人员和所有关心电力行业国际化业务发展的读者了解2023年中国电力行业国际合作业务发展情况的重要参考资料，同时为政府决策、行业发展和企业经营管理提供信息支撑，为推动中国电力行业高质量开展对外合作发挥积极作用。

编写组

2024年6月

目　录
CONTENTS

第一章

综　述

　　2023 年是全面贯彻落实党的二十大精神的开局之年，也是三年新冠肺炎疫情防控转段后经济恢复发展的一年。面对全球经济下行、世界变局加速演变、外部环境动荡不安、内部行业竞争形势加剧等多重因素，中国电力行业始终积极顺应经济全球化发展趋势和国家对外开放大势，在依法合规、绿色低碳、社会责任等方面加强建设，与越来越多共建"一带一路"国家的企业形成战略合作伙伴关系，推动实现高质量发展，为推动全球能源可持续发展，建设更加清洁、美丽的世界贡献了重要力量。

一、全球电力工业现状[1]

　　根据国际能源署（IEA）统计，截至 2022 年年底，全球发电装机容量达到 86.4 亿千瓦，较上年增长 5.0%。全球可再生能源发电装机容量（含水电）达到 36.3 亿千瓦，占全球发电装机总量的 42.0%。全球可再生能源发电装机容量近年来保持快速增长，近十年来增速一直维持在 7%以上。2022 年，全球发电量约为 29.0 万亿千瓦·时，同比增长 2.4%。从全球各区域发电装机情况来看，2022 年，位列全球发电装机容量排名前三的区域分别是亚太、北美及欧洲地区，发电装机容量分别为 42.15 亿千瓦、15.52 亿千瓦、14.55 亿千瓦，发电量分别为 14.5 万亿千瓦·时、5.5 万亿千瓦·时、4.0 万亿千瓦·时。

　　根据法国能源统计所（Enerdata）数据库统计，2022 年全球电力消费总量为 25.53 万亿千瓦·时，同比增长 2.0%。分区域来看，亚洲电力消费达到 12.67 万亿千瓦·时，占全球电力消费总量的 49.6%；北美地区居次，电力消费为 4.66 万亿千瓦·时，占全球电力消费总量的 18.3%；欧洲地区电力消费为 3.32 万亿千瓦·时，占全球电力消费总量的 13.0%。

　　根据国际能源署（IEA）统计，2022 年全球电能占全球终端能源消费的比重达到 20.8%；全球人均用电量一定程度下降，为 3211 千瓦·时/人；全球单位 GDP 平均电耗为 2539 千

---

[1] 根据国际能源署（IEA）、Enerdata 数据库等国际组织及数据平台发布的最新数据情况，本报告提供的国际电力发展数据更新至 2022 年。

瓦·时/万美元，较 2021 年下降 1.5%。2022 年，全球工业领域电气化率达到 22.7%；全球交通领域平均电气化率达到 1.3%；2022 年，全球建筑领域电气化率达到 34.7%。

二、中国电力行业国际交流与合作

根据中电联收集的资料，截至 2023 年年底，中国主要电力企业❶共加入了 144 个国际组织与机构，主要包括国际电工委员会（IEC）、电气和电子工程师协会（IEEE）、国际特大电网运营商组织（GO15）、国际大坝委员会（ICOLD）、国际能源署（IEA）、国际可再生能源署（IRENA）等，在国际组织中担任主要职务的中国电力行业专家约 242 位。截至 2023 年年底，中国主要电力企业共设立各类有效境外分支机构约 874 个，其中 2023 年新增 25 个，涉及 18 个国家和地区。

2023 年，新冠肺炎疫情时代宣告结束，全球电力行业重要国际性展会场次逐渐增加、规模逐渐扩大，中国主要电力企业通过线上线下相结合的方式积极参加各类境内外国际性会议 76 场，主办、承办和协办国际性会议 25 场，并通过现场及视频方式参与重大国际性展会 17 场。

2023 年，中国电力行业充分发挥我国电力行业快速发展所取得的专业优势，中国电力企业参与制定国际标准和国际组织制定的标准约 100 项，在多数相关国际标准制定的过程中担任主要角色。截至 2023 年年底，国家电网累计主导立项国标标准超过 200 项、发布国际标准超过 100 项，2023 年推动立项国际标准 60 项、发布国际标准 21 项，累计推动 600 余项中国标准海外应用，实现中国技术、装备、标准、服务全链条"走出去"；南方电网新发布 ISO、IEC 国际标准 3 项，正式获批立项国际标准 2 项，累计主导发布国际标准 18 项、在编国际标准 18 项，外文版企业标准 29 项；截至 2023 年年底，中国华能在 IEC、ISO 累计发布国际标准 17 项，立项国际标准 22 项。其中 2023 年，中国华能在 IEC、ISO 发布国际标准 6 项，立项 8 项。能源电力规则标准"软联通"水平显著提升。

---

❶ 本报告数据信息收集对象为在开展国际合作业务方面具有代表性的部分中国电力企业。主要包括（名单不分先后）：国家电网有限公司（以下简称"国家电网"）、中国南方电网有限责任公司（以下简称"南方电网"）、中国华能集团有限公司（以下简称"中国华能"）、中国大唐集团有限公司（以下简称"中国大唐"）、中国华电集团有限公司（以下简称"中国华电"）、国家能源投资集团有限责任公司（以下简称"国家能源集团"）、国家电力投资集团有限公司（以下简称"国家电投"）、中国长江三峡集团有限公司（以下简称"中国三峡集团"）、中国核工业集团有限公司（以下简称"中核集团"）、中国广核集团有限公司（以下简称"中广核"）、中国电力建设集团有限公司（以下简称"中国电建"）、中国能源建设集团有限公司（以下简称"中国能建"）、内蒙古电力（集团）有限责任公司（以下简称"内蒙古电力"）、哈尔滨电气集团有限公司（以下简称"哈电集团"）、中国东方电气集团有限公司（以下简称"东方电气"）、中国中煤能源集团有限公司（以下简称"中煤集团"）、上海电气集团有限公司（以下简称"上海电气"）、特变电工股份有限公司（以下简称"特变电工"）、北京能源集团有限责任公司（以下简称"京能集团"）、深圳能源集团股份有限公司（以下简称"深圳能源"）。

三、中国电力企业对外投资与工程承包

根据中电联收集的资料，截至 2023 年年底，中国主要电力企业境外累计实际投资总额为 1104.64 亿美元；对外工程承包合同金额累计 4024.26 亿美元；电力装备出口总额累计达 350.49 亿美元；电力技术服务出口累计总额为 122 亿美元。

2023 年，中国主要电力企业对外直接投资项目共 34 个，投资总额 44.23 亿美元，同比增长 30.82%，主要涉及太阳能发电、水电、风电、输变电、其他投资等领域。从投资金额上看，太阳能发电 26.5 亿美元，水电 4.9 亿美元，风电 3.66 亿美元，输变电 1.37 亿美元，其他类投资 7.8 亿美元。从项目数量上看，太阳能发电和风电是对外投资项目数量最多的领域，其中太阳能发电 17 个项目，占总投资项目数量的 50%，风电 4 个项目，占总投资项目数量的 11.8%，中国海外能源投资结构加快绿色低碳转型。

2023 年，中国主要电力企业年度新签工程承包合同项目 205 个，合同金额 264.55 亿美元，同比减少 19.3%。中国主要电力企业新签项目合同金额 5000 万美元以上的大型对外承包工程项目共计 102 个，比 2022 年减少 15 个；合同总金额 248.87 亿美元，同比减少 21.3%。新签工程项目中，太阳能发电和输变电项目最多，分别为 84 和 47 个，分别占境外新签工程承包项目总数的 40.9% 和 22.9%。

四、中国电力"一带一路"合作

根据中电联收集的资料，自 2013 年以来，中国主要电力企业在"一带一路"共建国家累计完成投资额 3000 万美元以上的项目 133 个，总金额 251.05 亿美元；签订电力工程承包合同约 1179 个，总金额 1801.52 亿美元。

2023 年，中国主要电力企业在"一带一路"共建国家对外直接投资的项目 23 个，占总对外投资项目数量的 67.6%；实际完成投资约 30.59 亿美元，占 2023 年中国主要电力企业对外投资总额的 69.2%。项目涉及越南、缅甸、土耳其、乌兹别克斯坦、保加利亚等 12 个国家和地区，直接创造约 1.1 万个当地就业岗位。在"一带一路"共建国家新签境外工程承包合同项目 182 个，占总新签合同项目数量的 88.8%；合同金额 248.32 亿美元，占 2023 年新签境外工程承包合同总金额的 93.9%。项目涉及沿线亚洲、非洲、欧洲的 46 个国家和地区，直接创造约 2.6 万个当地就业岗位。

五、中国电力企业海外践行责任担当

根据中电联收集的资料，2023 年中国主要电力企业境外投资和工程承包项目分别为东道

国直接创造就业岗位 6.06 万个和 3.05 万个，在海外展开捐赠、捐助等事项约 96 项，涉及亚洲、美洲、非洲、大洋洲的近 8 个国家和地区。中国主要电力企业获得东道国和有关国际组织的嘉奖约 44 项。

2023 年，中国电力企业以履行企业社会责任为支点，将企业影响力辐射至东道国当地经济、社会、民生、教育、医疗等方方面面，依法合规开展企业生产经营业务和社会责任履责行动，将社会责任履责风险降至最低，进一步树立企业品牌形象，提升企业在国际和地区业务中的竞争力，有效促进与项目所在国家民心民意互通、国家和地区文明互鉴，增进互信，推进构建团结协作的国际关系新秩序，共同实现绿色可持续发展。

第二章

全球电力工业现状

第一节 概 况

2022 年，全球发电装机容量和发电量持续稳定增长。可再生能源在发电装机和发电量中的占比不断提高，成为全球能源结构转型的重要推动力，加速能源结构的转型。在光伏和风电装机容量增长的驱动下，非水可再生能源发电装机占比也随之进一步提高，全球电源结构持续向低碳、清洁化方向转型。同时，不同国家和地区的发电量和占比也呈现出较大的差异，反映出各国经济发展水平和能源结构的差异。俄乌冲突开始后的能源价格飙升、物价上涨对全球各地区用电量造成了下行压力，尽管危机重重，但 2022 年全球的用电需求依然展现出了韧性，增速虽有所降低，却依然呈现正增长。

一、发电装机容量

（一）全球发电装机容量及结构

国际能源署（IEA）统计数据显示，截至 2022 年年底，全球发电装机容量达到 86.4 亿千瓦，较上年增长 5.0%，增速上升 0.2 个百分点。其中，中国的发电装机容量继续保持快速增长的态势，从 2021 年年底的 24.0 亿千瓦增长到 2022 年年底的 26.2 亿千瓦，占全球装机容量的 30.3%。2012—2022 年全球发电装机容量及增速如图 2-1 所示。

截至 2022 年年底，全球火电、水电、核电、非水可再生能源的发电装机容量分别为 45.4 亿千瓦、13.9 亿千瓦、4.2 亿千瓦、22.4 亿千瓦，分别占全球发电装机总量的 52.5%、16.1%、4.8%、25.9%。火电类别中，燃煤、燃气、燃油发电装机容量分别为 22.4 亿千瓦、18.8 亿千瓦、4.2 亿千瓦，分别占总装机容量的 25.9%、21.7%、4.9%；非水可再生能源发电类别中，风电和太阳能光伏发电装机容量分别为 9.0 亿千瓦和 11.5 亿千瓦，分别占总装机容量的 10.4% 和 13.2%，均较 2021 年进一步提高。2022 年全球发电装机结构如图 2-2 所示。

图 2-1　2012—2022 年全球发电装机容量及增速

数据来源：国际能源署（IEA）《World Energy Outlook 2023》

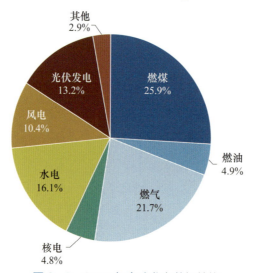

图 2-2　2022 年全球发电装机结构

数据来源：国际能源署（IEA）《World Energy Outlook 2023》

　　从全球发电装机结构的变化情况看，非化石能源替代传统化石能源的进程仍在不断加速，全球发电装机结构进一步向清洁化转型趋势明显。2022 年，传统化石燃料发电装机占比继续降低，总体较上年下降 1.9 个百分点。非化石能源发电装机容量比重则持续上升，其中非水可再生能源发电装机容量较上年增长 15.7%，在光伏和风电装机容量增长的驱动下，非水可再生能源发电装机容量占比较上年提高 2.4 个百分点。核电装机容量较上年有所增长，增至 4.2 亿千瓦，在全球发电装机容量结构中的占比下降 0.2 个百分点。水电仍是全球最主要的可再生能源，2022 年装机规模虽有所扩大，但在总发电装机容量结构中的比重依旧处于持续下降的状态，2022 年水电装机容量占比为 16.1%，较上年下降 0.4 个百分点。

发展可再生能源是全球践行应对气候变化自主贡献承诺的主导力量，可再生能源进一步引领全球能源生产消费革命，成为全球电力绿色低碳转型的主力支撑。截至2022年年底，全球可再生能源发电装机容量（含水电）达到36.3亿千瓦，占全球发电装机总量的42.0%。全球可再生能源发电装机容量近年来保持持续快速增长，近十年来增速一直维持在7%以上。2022年可再生能源发电装机容量增速为10.2%，较去年略有上升。其中，风电装机容量同比增长9.0%，太阳能光伏发电装机容量增速最快，达到23.8%，光热发电的装机容量为694万千瓦，同比增长11.4%；生物质发电装机容量为1.68亿千瓦，同比增长5.3%；地热发电装机容量为1504万千瓦，同比增长2.3%。2012—2022年全球可再生能源发电装机容量及增速如图2-3所示。

图2-3　2012—2022年全球可再生能源发电装机容量及增速

数据来源：国际能源署（IEA）《World Energy Outlook 2023》

（二）区域发电装机容量及结构

从全球各区域[1]发电装机情况来看，截至2022年年底，亚太地区的发电装机容量依然处

---

[1]　依据国际能源署（IEA）报告，本章区域划分如下：

亚太：东南亚地区以及澳大利亚、孟加拉国、中国、印度、日本、韩国、朝鲜、蒙古国、尼泊尔、新西兰、巴基斯坦、斯里兰卡等。

北美：加拿大、墨西哥、美国。

欧洲：欧盟以及阿尔巴尼亚、白俄罗斯、波斯尼亚和黑塞哥维那、北马其顿共和国、直布罗陀、冰岛、以色列、科索沃、黑山、挪威、塞尔维亚、瑞士、摩尔多瓦共和国、土耳其、乌克兰、英国等。

非洲：北非及撒哈拉以南非洲区域。

中南美：阿根廷、玻利维亚、巴西、智利、哥伦比亚、哥斯达黎加、古巴、库拉索、多米尼加、厄瓜多尔、萨尔瓦多、危地马拉、海地、洪都拉斯、牙买加、尼加拉瓜、巴拿马、巴拉圭、秘鲁、苏里南、特立尼达和多巴哥、乌拉圭、委内瑞拉等。

中东：巴林、伊朗、伊拉克、约旦、科威特、黎巴嫩、阿曼、卡塔尔、沙特阿拉伯、叙利亚、阿联酋、也门。

欧亚：里海地区及俄罗斯联邦。

于领先地位，发电装机容量达到 42.15 亿千瓦，占全球发电装机总量的 48.8%；其次是北美地区，发电装机容量为 15.52 亿千瓦，占比 18.0%；欧洲地区发电装机容量为 14.55 亿千瓦，占比 16.8%；中南美地区发电装机容量为 4.26 亿千瓦，占比 4.9%；中东地区发电装机容量为 3.76 亿千瓦，占比 4.3%；欧亚地区发电装机容量为 3.45 亿千瓦，占比 4.0%；非洲地区发电装机容量为 2.75 亿千瓦，占比 3.2%。2022 年全球各区域发电装机容量及增速如图 2-4 所示。

图 2-4 2022 年全球各区域发电装机容量及增速

数据来源：国际能源署（IEA）《World Energy Outlook 2023》

受中国市场推动，2022 年，亚太地区再次引领全球发电装机容量的增长，同比增长 7.0%，为各区域中最高，亚太地区的发电装机容量遥遥领先于全球其他区域，是未来全球能源电力发展的主要市场。北美地区虽然发电装机容量位居第二，但增长较为缓慢，2022 年同比增长 2.0%；欧洲地区发电装机容量位居第三，同比增长 4.9%，增速较上年有所提高，中南美地区同比增长 5.2%，增速较高；中东、非洲及欧亚地区分别同比增长 3.0%、2.2% 及 0.3%。

从各地区的发电装机结构来看，亚太地区发电装机仍以燃煤为主，但比重进一步降低。截至 2022 年年底，亚太地区燃煤发电装机容量为 16.85 亿千瓦，同比增长 2.8%，增速较上年下降 0.8 个百分点，在其区域发电装机结构中占比较上年下降 1.6 个百分点，为 40.0%。燃气发电装机容量为 4.39 亿千瓦，占比 10.4%，较上年下降 0.5 个百分点。燃油发电装机容量为 1.01 亿千瓦，同比下降 3.1%，占比下降 0.2 个百分点，降至 2.4%。核电装机容量为 1.28 亿千瓦，同比增长 3.9%，占比 3.0%。水电装机容量为 6.20 亿千瓦，同比增长 4.5%，占比 14.7%，较上年下降 0.4 个百分点。非水可再生能源发电装机容量跃升至 12.12 亿千瓦，同比增长 18.1%，其在区域发电装机结构中的占比进一步提高，达到 28.8%，较上年提升 2.7 个百分点。

其中，光伏发电同比增长 24.9%，增速为各类电源中最高水平，达到 6.91 亿千瓦，占比增至 16.4%，较上年提升 2.3 个百分点；风电装机同比增长 10.6% 达到 4.38 亿千瓦，占比增至 10.4%，较上年上涨 0.3 个百分点。2022 年亚太地区发电装机结构如图 2−5 所示。

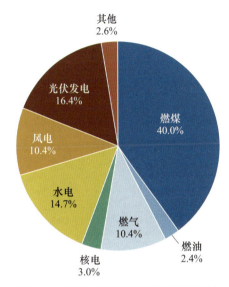

图 2−5　2022 年亚太地区发电装机结构

数据来源：国际能源署（IEA）《World Energy Outlook 2023》

北美地区发电装机结构依旧以燃气发电为主。截至 2022 年年底，燃气装机容量为 5.76 亿千瓦，同比增长 0.7%，在区域发电装机结构中占比达到 37.1%，比上年略有下降。可再生能源发电装机容量为 5.36 亿千瓦，占比达到 34.5%，较上年增长 1.4 个百分点。其中，风电和太阳能光伏发电装机分别达到 1.63 亿千瓦和 1.52 亿千瓦，占比分别为 10.5% 和 9.8%，较上年提升 0.4 和 1.3 个百分点，在电源结构中的比重进一步提升；太阳能光伏发电装机增长最快，增速达到 16.9%，但与上年相比，增速有所放缓，下滑 8.2 个百分点。燃煤发电装机容量为 2.33 亿千瓦，同比下降 3.9%，降幅与上年持平，其在电源结构中的比重进一步下降，由 2021 年的 15.9% 降至 15.0%，下降 0.9 个百分点。核电装机容量为 1.16 亿千瓦，同比下降 0.7%，占比降至 7.5%，下滑 0.2 个百分点；燃油发电装机容量为 0.76 亿千瓦，较上年略有下降，占比为 4.9%，下滑 0.1 个百分点。2022 年北美地区发电装机结构如图 2−6 所示。

欧洲地区发电装机以可再生能源发电为主，电源结构较为清洁且多样化。截至 2022 年年底，欧洲可再生能源装机容量为 8.07 亿千瓦，同比增长 8.6%，占比则增至 55.5%，较上年增加 1.9 个百分点。风电装机和太阳能光伏发电装机容量在 2022 年得以进一步扩张，且保持较快增速，分别达到 7.7% 和 21.1%，两者在区域电源结构中的占比继续提升，分别达到 17.3% 和 16.6%，较上年进一步提升 0.5 和 2.3 个百分点，依然是全球各区域中两类电源装机比重最高的地区。此外，水电装机在 2022 年略有增长，同比增长 0.9%，在区域电源装机结构中的占比有所下降，占比 17.8%，下滑 0.7 个百分点。燃气和燃煤发电装机容量分别为 2.68 亿千瓦和 1.87 亿千瓦，同比增长 0.3% 和 0.2%，在区域能源装机结构中的占比进一步萎缩，分别降至 18.4% 和 12.8%；核电装机容量下降 1.0% 至 1.30 亿千瓦，占比降至 8.9%；燃油发电装机容量为 0.46 亿千瓦，同比下降 0.02%，占比下降至 3.2%。2022 年欧洲地区发电装机结构如图 2-7 所示。

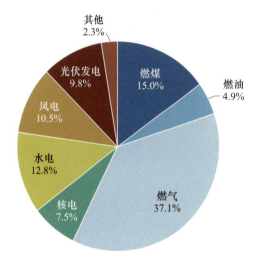

图 2-6　2022 年北美地区发电装机结构

数据来源：国际能源署（IEA）《World Energy Outlook 2023》

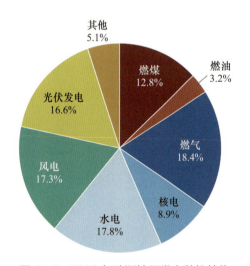

图 2-7　2022 年欧洲地区发电装机结构

数据来源：国际能源署（IEA）《World Energy Outlook 2023》

在全球其他地区，非洲、中东和欧亚地区的发电装机结构仍以燃气发电为主。其中，非洲地区燃气发电装机容量为 1.16 亿千瓦，同比增长 1.1%，占总发电装机容量的 42.1%；

中东地区燃气发电装机容量为 2.44 亿千瓦，同比增长 2.6%，占总发电装机容量的 64.9%；欧亚地区燃气发电装机容量为 1.58 亿千瓦，同比增长 0.5%，占总发电装机容量的 45.9%。中南美洲则以水电为主，水电发电装机容量为 1.88 亿千瓦，同比增长 0.9%，占总发电装机容量的 66.1%。以上区域 2022 年在风电和太阳能光伏发电装机容量方面均实现了不同程度的增长。

二、发电量

（一）总体情况

2022 年，随着全球经济的复苏，能源消费也随之呈现增长态势。全球能源生产消费沿着多元化、低碳化、数字化和分散化的方向加速转型。2022 年，全球发电量约为 29.0 万亿千瓦·时，同比增长 2.4%，较上年增速有所放缓，下降 3.7 个百分点。2012—2022 年全球发电量及增速如图 2-8 所示。

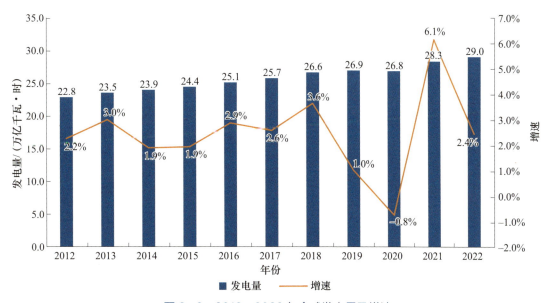

图 2-8　2012—2022 年全球发电量及增速

数据来源：国际能源署（IEA）《World Energy Outlook 2023》

（二）发电结构及变化情况

从各类电源的发电情况看，2022 年全球燃煤发电量依然处于首位，达 10.4 万亿千瓦·时，较上年增长 1.8%，增速有所放缓，其在全球发电总量中的比重出现小幅下降，为 35.9%，较上年下降 0.2 个百分点，全球退煤进程依旧处于停滞阶段。燃气发电量为 6.5 万亿千瓦·时，同比下降 0.4%，同时，其在全球发电总量中的比重也有所下滑，下降至 22.4%，较上年下滑 0.6 个百分点。燃油发电量为 0.7 万亿千瓦·时，同比增长 3.7%，其占全球发电总量的 2.4%，与上年持平。核电发电量为 2.7 万亿千瓦·时，同比下降 4.6%，占比 9.2%，较上年下滑 0.7 个百分点。

2022 年，全球可再生能源发电量继续保持平稳较快增长，增速明显提升，份额持续扩大，可再生能源发电量依然对推动全球发电量增长作出突出贡献。2022 年全球可再生能源发电量达到 8.6 万亿千瓦·时，同比增长 8.0%，较上年增长 2.4 个百分点。可再生能源发电量合计占比 29.6%，较上年增加 1.5 个百分点。

在可再生能源发电领域，水电依旧是全球最大的可再生电源，2022 年发电量为 4.4 万亿千瓦·时，扭转了 2021 年负增长的局面，同比增长 1.8%，占全球发电总量的 15.1%，较上年下滑 0.1 个百分点。风力发电量达 2.1 万亿千瓦·时，同比增长 13.9%，较上年下滑 2.9 个百分点。风力发电量占比继续提升，达到 7.3%，较上年提升 0.7 个百分点。太阳能光伏发电量增速为各类电源中最快，达到 1.3 万亿千瓦·时，同比增长 26.2%，较上年提升 2 个百分点，光伏发电量占比 4.4%，较上年提升 0.8 个百分点，比重继续提高。生物质发电量为 6869.9 亿千瓦·时，同比增长 3.2%；占比 2.4%，较上年提升 0.1 个百分点。地热发电量为 1013.5 亿千瓦·时，同比增长 5.3%，占比 0.3%，与上年持平。光热（CSP）发电量有所提升，同比增长 6.3%，至 158.3 亿千瓦·时。海洋能发电量相对较小，仅为 10 亿千瓦·时，同比增长 2.0%。2022 年全球发电量构成情况如图 2-9 所示。

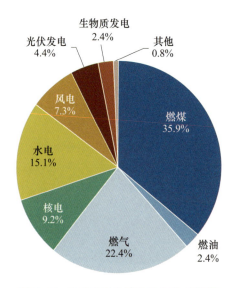

图 2-9　2022 年全球发电量构成情况

数据来源：国际能源署（IEA）《World Energy Outlook 2023》

（三）区域发电量情况

2022 年，全球各区域的发电量除欧洲地区外均实现了正增长，全球平均增速达到 2.4%，但较上年有所放缓，下降 3.7 个百分点。位列全球发电量排名前三的区域分别是亚太、北美及欧洲地区，这 3 个地区发电量合计占全球发电总量的 82.7%。其中，亚太地区发电量依旧遥遥领先，2022 年发电量为 14.5 万亿千瓦·时，同比增长 4.0%，较上年下滑 4.3 个百分点，占全球发电总量的 49.9%，占比进一步提高；北美地区发电量为 5.5 万亿千瓦·时，占全球的 19.0%，较上年增长了 2.7%；欧洲地区由于受极端天气和能源政策的影响，2022 年发电量出现明显下滑，至 4.0 万亿千瓦·时，较上年减少 3.2%，占全球的 13.8%。

欧亚、中南美、中东及非洲地区发电量相对较少，分别为 1.5 万亿千瓦·时、1.4 万亿千瓦·时、1.3 万亿千瓦·时及 0.9 万亿千瓦·时，增速分别为 2.1%、3.1%、2.4% 及 1.8%，较上年均有所下滑。

2022 年，亚太地区发电量较上年增加 5527 亿千瓦·时，占全球新增发电量的 80.4%，对全球发电量的增长贡献最大；北美地区发电量较上年增加 1474.2 亿千瓦·时；欧洲地区发电量较上年减少 1308.2 亿千瓦·时。2022 年全球各区域发电量及增速如图 2-10 所示。

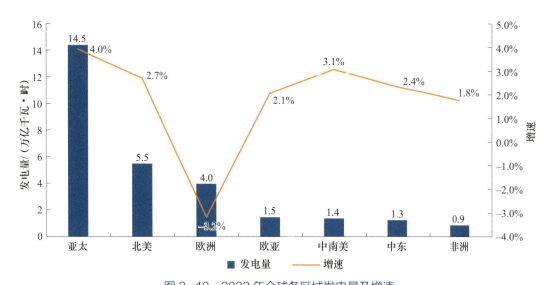

图 2-10 2022 年全球各区域发电量及增速

数据来源：国际能源署（IEA）《World Energy Outlook 2023》

2022 年，全球发电量整体呈复苏增长态势，增速有所放缓。分析具有代表性的部分国家发电量及增速情况来看，大部分国家发电量呈现温和增长的局面，少部分国家发电量处于停滞甚至下降的情况。印度的发电量增长尤为显著，增速达到 8.4%。法国发电量下降最为明显，较上年下降 14.6%。2022 年全球部分国家发电量及增速如图 2-11 所示。

图 2-11　2022 年全球部分国家发电量及增速

数据来源：EI《Statistical Review of World Energy 2023》

三、电力消费

（一）全球及区域电力消费情况

全球电力消费在经历 2020 年的下降和 2021 年的报复性大幅增长后，2022 年，俄乌冲突开始后的能源价格飙升、物价上涨对全球各地区用电造成了下行压力，虽然危机重重，但 2022 年全球的用电需求依然展现出了韧性。根据法国能源统计所（Enerdata）的统计数据，2022 年，全球电力消费为 25.53 万亿千瓦·时，较 2021 年增长了超 0.5 万亿千瓦·时，同比增长 2.0%，虽然低于 2015—2019 年 2.4%的平均增速，但依然为正增长，电动汽车和热泵产品销量创新高，带动了用电增长。2012—2022 年全球电力消费及增速如图 2-12 所示。

分区域来看，2022 年，亚洲电力消费达到 12.67 万亿千瓦·时，占全球电力消费总量的 49.6%；北美地区居次，电力消费为 4.66 万亿千瓦·时，占全球的 18.3%；欧洲地区电力消费为 3.32 万亿千瓦·时，占全球的 13.0%；中南美洲电力消费为 1.41 万亿千瓦·时，占全球的 5.5%；欧亚独联体国家（CIS）电力消费为 1.33 万亿千瓦·时，占全球的 5.2%；中东地区电力消费为 1.14 万亿千瓦·时，占全球的 4.5%；非洲地区电力消费为 0.72 万亿千瓦·时，占全球的 2.8%；太平洋地区电力消费为 0.29 万亿千瓦·时，占全球的 1.1%。2022 年全球电力消费地区分布情况如图 2-13 所示。

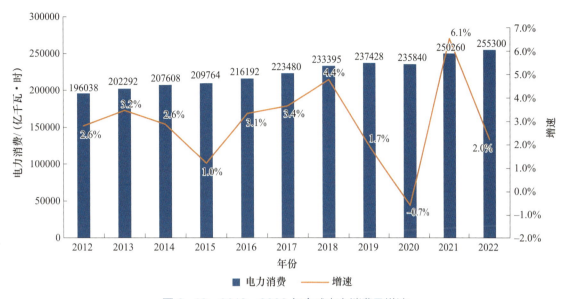

图 2-12 2012—2022 年全球电力消费及增速

数据来源：Enerdata《World Energy & Climate Statistics Yearbook 2023》

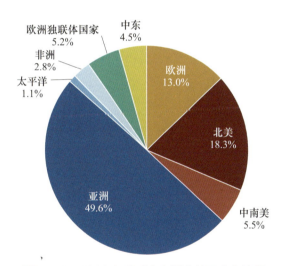

图 2-13 2022 年全球电力消费地区分布情况

数据来源：Enerdata《World Energy & Climate Statistics Yearbook 2023》

2022 年，全球各地区电力消费中，由于新兴经济体的发展带动了用电量增长，亚洲成为全球电力消费增幅最大的地区，较 2021 年增长了 4460 亿千瓦·时，占全球净增用电量的 80%以上，同比增长 3.6%；其次为北美地区，较 2021 年增长了 1100 亿千瓦·时，同比增长 2.4%；中东地区增加了 470 亿千瓦·时，但增速是各区域中最高的，为 4.3%；中南美、太平洋地区分别增长 1.9% 和 1.4%，略低于全球增速；欧洲、非洲及欧亚独联体国家（CIS）地区为负增长，分别降低了 2.9%、0.1% 和 2.1%。2022 年全球各区域电力消费及变化情况见表 2-1。

表 2-1   2022 年全球各区域电力消费及变化情况

地区	2022 年/ （亿千瓦·时）	变化量/ （亿千瓦·时）	同比增速 （%）
欧洲	33150	−1000	−2.9
北美	46590	1100	2.4
中南美	14090	260	1.9
亚洲	126740	4460	3.6
太平洋	2900	40	1.4
非洲	7220	−10	−0.1
独联体国家	13260	−280	−2.1
中东	11350	470	4.3
全球	255300	5040	2.0

数据来源：Enerdata《World Energy & Climate Statistics Yearbook 2023》

　　从国家层面来看，2022 年，在全球电力消费排名前十的国家中，除加拿大、德国、法国外，其他各国均有不同幅度的增长，增量较大的包括中国、印度和美国。中国的电力消费总量达到 80900 亿千瓦·时，稳居全球首位，同比增长 3.4%，较 2021 年增长 2640 亿千瓦·时，占全球新增电力消费总量的一半左右；美国新增 1020 亿千瓦·时，同比增长 2.6%；在经济恢复强劲和夏季高温影响下，印度的用电需求同比上涨达到 8.4%，增加了 1210 亿千瓦·时。2022 年全球电力消费排名前十的国家如图 2-14 所示。

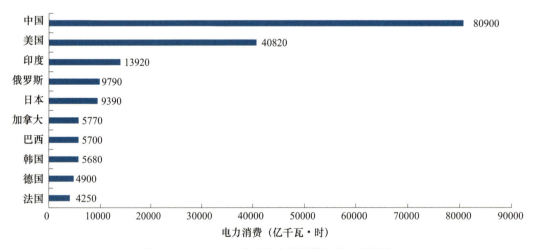

图 2-14　2022 年全球电力消费排名前十的国家

数据来源：Enerdata《World Energy & Climate Statistics Yearbook 2023》

（二）终端领域电力消费

　　据国际能源署（IEA）统计，2022 年，全球终端电力消费量为 24.7 万亿千瓦·时，较

2021 年增长了 2.4%。2012—2022 年全球终端电力消费情况如图 2-15 所示。

图 2-15　2012—2022 年全球终端电力消费情况

数据来源：国际能源署（IEA）《World Energy Investment 2023》

从终端电力消费的构成情况看，2022 年工业领域用电量 105061 亿千瓦·时，占全球终端领域用电总量的 42.5%；居民、商业服务业等领域用电量 137930 亿千瓦·时，占比 55.8%；交通领域用电量 4256 亿千瓦·时，占比 1.7%。2022 年全球终端电力消费构成情况如图 2-16 所示。

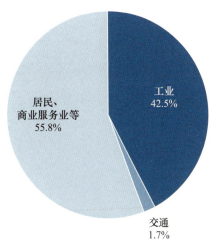

图 2-16　2022 年全球终端电力消费构成情况

数据来源：IEA《World Energy Investment 2023》

2022 年，随着新冠肺炎疫情影响的减弱及全球经济的复苏，全球各终端领域电力消费均取得了正向增长，其中，交通领域增幅最高，为 2.7%；其次为工业领域，同比增长 2.4%；

居民及商业服务业等领域增长 2.3%。2012—2022 年全球各终端领域电力消费及增长情况如图 2-17 所示。

图 2-17　2012—2022 年全球各终端领域电力消费及增长情况

数据来源：国际能源署（IEA）《World Energy Investment 2023》

第二节　全球电气化现状

2022 年，全球电气化进程持续推进，中国、美国、英国、法国、德国、日本、巴西 7 个典型国家主要电气化指标总体稳中向好。中国电能占终端能源消费比重和发电能源占一次能源消费比重保持国际前列，人均用电量达到 OECD 国家平均水平的七成左右，非化石能源发电量占比略低于美国，且差距进一步缩小，销售电价水平保持平稳，与英国、日本、美国、德国电价震荡波动形成鲜明反差。

一、电能占终端能源消费比重

2022 年，7 个典型国家中电能占终端能源消费比重最高的 3 个国家分别为日本（30.5%）、中国（27.3%）、法国（24.7%），中国电能占终端能源消费比重超出 OECD 国家平均水平（22.9%）4.4 个百分点。与 2021 年相比，日本电能占终端能源消费比重增加 0.5 个百分点，同比增幅位居典型国家之首；中国、英国、美国电能占终端能源消费比重同比增幅均为 0.3 个百分点；法国电能占终端能源消费比重保持稳定；巴西、德国电能占终端能源消费比重同比降幅分别为 0.3 个、0.1 个百分点❶。

2022 年 7 个典型国家电能占终端能源消费比重如图 2-18 所示。日本电能占终端能源消费比重超过 30%，中国终端用能电气化水平稳居典型国家前列。

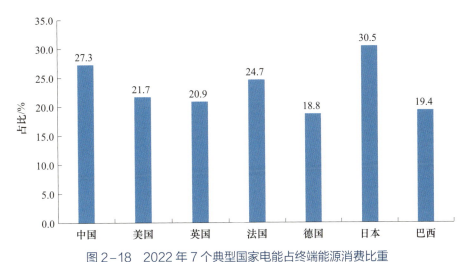

图 2-18 2022 年 7 个典型国家电能占终端能源消费比重

数据来源：中国数据根据国家统计局《中国能源统计年鉴 2023》计算得出，除中国外的
6 个典型国家数据根据国际能源署（IEA）历史数据估算得出

二、人均用电量

2022 年，典型国家中人均用电量最高的 3 个国家分别为美国（12855 千瓦·时/人）、日本（8033 千瓦·时/人）、法国（6706 千瓦·时/人）；中国人均用电量 6116 千瓦·时/人，约为 OECD 国家平均水平（8638 千瓦·时/人）的七成，与 OECD 国家平均水平的差距较上年缩小 77 千瓦·时/人。与 2021 年相比，德国、法国、英国人均用电量出现不同程度的回落，分别下降 4.7%、4.7%、3.9%；中国、日本、巴西、美国人均用电量实现正增长，同比增速分别为 3.7%、3.3%、2.2%、1.5%。

2022 年 7 个典型国家人均用电量如图 2-19 所示。中国人均用电量与发达国家的差距进一步缩小，欧洲典型国家人均用电水平下降。

三、发电能源占一次能源消费比重

2022 年，7 个典型国家中发电能源占一次能源消费比重最高的 3 个国家分别为法国（50.0%）、中国（46.5%）、日本（45.9%），中国发电能源占一次能源消费比重超过 OECD 国家平均水平（37.4%）约 9.1 个百分点。与 2021 年相比，德国受天然气消费压减影响，发电能源占一次能源消费比重同比增幅达到 0.9 个百分点；中国发电能源占一次能源消费比重保

❶ 根据国际能源署 2021 年能源统计数据，对除中国外的 6 个典型国家 2021 年电能占终端能源消费比重进行了修正。

持稳定；英国、巴西、美国、法国、日本发电能源占一次能源消费比重均有不同程度的回落，同比降幅分别为 1.8 个、1.2 个、0.9 个、0.4 个、0.1 个百分点❶。

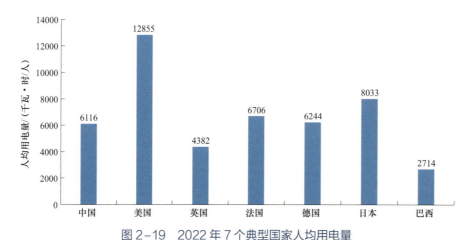

图 2-19　2022 年 7 个典型国家人均用电量

数据来源：中国数据取自中电联电力行业统计数据，除中国外的 6 个
典型国家数据根据国际能源署（IEA）历史数据估算得出

2022 年 7 个典型国家发电能源占一次能源消费比重如图 2-20 所示。法国发电用能保持一次能源消费主体地位，德国发电能源占一次能源消费比重增幅明显。

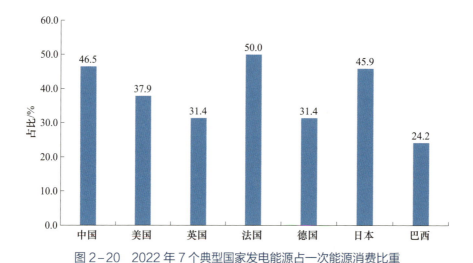

图 2-20　2022 年 7 个典型国家发电能源占一次能源消费比重

数据来源：中国数据根据国家统计局《中国能源统计年鉴 2023》计算得出，除中国外的
6 个典型国家数据根据国际能源署（IEA）历史数据估算得出

四、非化石能源发电量占比

2022 年，7 个典型国家中非化石能源发电量占比最高的 3 个国家分别为法国（91.8%）、巴西（87.7%）、英国（58.1%）；中国非化石能源发电量占比 36.2%，低于 OECD 国家平均水

---

❶　根据国际能源署（IEA）2021 年能源统计数据，对除中国外的 6 个典型国家 2021 年发电能源占一次能源消费比重进行了修正。

平（50.0%）约 13.8 个百分点，与 OECD 国家平均水平的差距较上年缩小 1.8 个百分点。与 2021 年相比，巴西通过优化水电调度运行、扩大风电和太阳能发电供应规模等多措并举，拉动非化石能源发电量占比大幅增加 10.3 个百分点；英国、中国、美国非化石能源发电量占比稳步提高，同比增幅分别为 2.1 个、1.7 个、1.0 个百分点；德国、法国、日本非化石能源发电量占比下降，同比降幅分别为 2.4 个、0.6 个、0.3 个百分点。

2022 年 7 个典型国家非化石能源发电量占比如图 2-21 所示。法国、巴西非化石能源发电量占比超过 85%，英国、中国、美国非化石能源发电生产供应水平稳步提升。

图 2-21　2022 年 7 个典型国家非化石能源发电量占比

数据来源：中国数据取自中电联电力行业统计数据，除中国外的 6 个典型国家数据根据国际能源署（IEA）历史数据估算得出

五、销售电价

2022 年，7 个典型国家中工业电价水平最低的 3 个国家分别为美国 [0.085 美元/（千瓦·时）]、中国 [0.099 美元/（千瓦·时）]、法国 [0.137 美元/（千瓦·时）]，其中美国、中国工业电价均低于 0.1 美元/（千瓦·时），工业用能成本具有比较优势。与 2021 年相比，全球工业电价水平总体呈现上升态势，部分发达国家涨幅明显，如英国、日本工业电价分别增长 21.8%、21.1%，增幅位居发达国家前列。中国工业电价与发达国家相比保持较低水平。

中国居民电价长期以来在全球范围内处于较低水平。2022 年，7 个典型国家中居民电价最高的国家为英国 [0.394 美元/（千瓦·时）]，中国居民电价分别约为英国、德国、日本、法国、美国同期居民电价水平的 20.8%、23.5%、31.2%、37.6%、54.3%。与 2021 年相比，德国、法国居民电价有所下降，同比降幅分别为 8.2%、4.8%；英国、美国、日本居民电价走高，同比增幅分别为 41.2%、10.2%、9.6%。

2022 年 7 个典型国家销售电价如图 2-22 所示。可见英国居民电价高位。

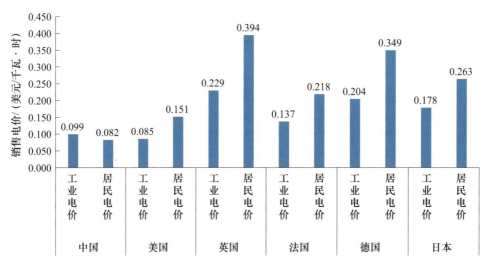

图 2-22　2022 年 7 个典型国家销售电价

数据来源：7 个典型国家销售电价取自国际能源署（IEA）历史数据

第三章

中国电力行业国际交流与合作

2023 年，中国电力行业积极融入多边能源治理，主动参与联合国、二十国集团、亚太经合组织、金砖国家等多边机制的能源国际合作；努力促进区域能源合作，推动中国—东盟、中国—阿盟、中国—非盟、中国—中亚、中国—中东欧等区域能源合作项目落地见效；深化与国际组织的交流合作，与国际电工委员会（IEC）、电气和电子工程师协会（IEEE）、国际特大电网运营商组织（GO15）、国际大坝委员会（ICOLD）、国际能源署（IEA）、国际可再生能源署（IRENA）、联合国亚太经济与社会委员会（以下简称"联合国亚太经社会"）、东亚及西太平洋电力工业协会（以下简称"亚太电协"）保持深度对话与合作。通过国际交流与合作，中国电力行业不仅提升了自身的国际影响力，也为全球能源治理和可持续发展作出了积极贡献，有力促进了相关国家和地区在能源领域的共同发展、共同繁荣。

第一节 国际交流情况

一、交流合作情况

（一）多双边交流活动

国家电网参加中德经济技术合作论坛、夏季达沃斯论坛、金砖国家工商论坛，参与国际可再生能源署（IRENA）、世界经济论坛（WEF）、国际电工委员会（IEC）、国际大电网委员会（CIGRE）等国际组织举办的活动，在国际能源电力交流中发出中国声音。

华能集团积极参与双边、多边政府、能源企业合作机制，充分利用政府工作平台，参与双边、多边政府合作机制，包括中国—中东欧、中巴、中俄、中缅、澜沧江—湄公河、中蒙等多个政府间合作机制。与德国西门子公司、美国通用电气公司、韩国 SK 集团、芬兰维萨拉公司、法国欧安诺集团、菲律宾马尼拉电力公司等国际知名能源电力公司建立了常态化战略合作关系。

中国大唐深度参与第三届"一带一路"国际合作高峰论坛，在多国政要密集访华期间安排 10 余场重要外事活动。集团董事长邹磊与柬埔寨王国首相洪马奈、老挝国家主席通伦、乌兹别克斯坦副总理霍扎耶夫等国家元首会谈，为发展布局。积极服务能源国际合作，维护好与法国电力集团、美国通用电气公司、日立能源、蒂森克虏伯、德国西门子公司等世界一流企业战略合作关系并定期开展高层会见、技术交流、合作对接，共研境内外发展机遇。

中国华电积极参与国家重大外交活动，集团公司江毅董事长参加第三届"一带一路"国际合作高峰论坛，期间签署 6 份合作协议，锁定境外水风光项目开发机会约 300 万千瓦。拜会尼泊尔总理普拉昌达等外国政要，参加金砖国家工商论坛等重要国际活动，扎实做好高层对接后的国别谋划和项目落地，推动国际业务高质量发展。

国家能源集团积极参与国家层面的双边、多边合作机制，在中德、中法、中俄等双边机制中发挥更大作用，更多参与到中国国际商会、国经中心等国家级多边合作机制中，为集团海外发展做好谋划、打好基础。切实落实做好与印尼国家电力公司、南非国家电力公司、摩科瑞能源集团的双边合作，继续开拓新的合作伙伴，更好服务集团高质量发展。

国家电投全年策划、组织、实施公司领导与巴西塞阿拉州州长、法国驻华大使、国际可再生能源署总干事、德国西门子能源总裁兼首席执行官、法国电力集团董事长兼首席执行官、空中客车首席执行官等外国政府、驻华使团、国际组织、外国企业负责人的会见会谈活动近百场。

中国能建在国内外高端平台上高频亮相发声，深度参与"一带一路"高峰论坛、金砖峰会、进博会、链博会等高端论坛活动，有力彰显了公司作为全球知名能源一体化方案解决商的品牌形象。

哈电集团积极培育战略性合作伙伴，与阿联酋马斯达尔、韩国斗山及德国西门子开展合作，实现在沙特、哈萨克斯坦、乌兹别克斯坦等地区的第三方市场开拓。

中煤集团党委书记、董事长王树东带队赴阿联酋，拜会中国驻阿联酋大使张益明，参加相关峰会、论坛和配套活动，介绍中煤集团履行的保障国家能源安全和经济平稳发展责任，加快推进传统行业、资源型企业转型发展情况。与阿联酋有关公司就能源发展形势和新能源、林业碳汇等方面进行了深入探讨，希望双方在已有良好合作的基础上，继续深化在绿色转型、林业碳汇等领域的合作。

（二）建立战略合作关系

中国主要电力企业始终秉持共商共建共享原则开展国际合作，开辟与各国交往的新路径，搭建起国际合作的新框架，通过经验分享、项目对接等方式，同相关国际知名能源电力企业签订合作框架协议，建立常态化战略合作关系，开展投资、装备、技术、标准、培训等领域的合作。2023 年中国电力企业对外签署的部分备忘录及协议情况见表 3-1。

表 3-1　　　　　　　　　　2023 年中国电力企业对外签署的部分备忘录及协议情况

签署方（中方）	签署方（外方）	协议内容
国家电网	南非电力公司	合作协议
国家电网	乌兹别克斯坦能源部	关于推进能源转型及建设新型电力系统的合作协议
国家电网	埃及电力与可再生能源部	关于推进电网稳定运行提升配电效率的谅解备忘录
国家电网	印尼国家电力公司	关于促进能源转型与构建新型电力系统的合作协议
中国华电	哈萨克斯坦能源部	战略合作框架协议
国家能源集团	尼加拉瓜能源部	水电项目战略合作协议
国家电投	亚洲基础设施投资银行	合作意向书
国家电投	空中客车公司	关于推动可持续发展意向书
国家电投	德国巴斯夫	可再生能源购电协议
国家电投	法国电力集团	低碳创新项目合作协议
中核集团	白俄罗斯国家电力公司	电力领域合作谅解备忘录
内蒙古电力	蒙古国能源部	关于对蒙增加电力出口谅解备忘录
内蒙古电力	蒙古国能源部	关于向蒙古国中部地区电网供电谅解备忘录
中电联	电气电子工程师学会	合作谅解备忘录
中电联	印尼电力协会	合作谅解备忘录
中电联	自然资源保护协会	合作谅解备忘录

数据来源：中电联

二、国际合作机制建设

（一）搭建交流平台

2023 年，中国电力行业不断尝试搭建能源、金融、绿色发展、智库等领域的多边国际合作交流平台，深化中外互利合作，促进共赢发展。

国家电网以冬季达沃斯和夏季达沃斯论坛为契机，积极参与全球经济治理，利用高端平台提升国际传播效能，主动策划青年专家深耕世界经济论坛（WEF）专业平台，提升公司国际话语权；连续 3 年高质量举办能源电力转型国际论坛，为应对气候变化、推进国际合作提供重要平台。

南方电网策划开展部长级双边会谈 12 场、企业领导层交流 18 场，直接推进 18 个合作项目进程，签署合作意向协议近 20 份。充分发挥倡议的粤港澳、澜湄、中日韩三大区域电力企业高峰会机制及澜湄区域电力合作中资企业峰会机制作用，促进区域电力合作，加强国际能源伙伴关系。

中国华电连续多年在东博会、亚太电协大会等大型国际展会办展，成功主办 COP28 "中国角" 边会活动，作为创始会员单位加入 "世界碳中和学会" 参加国际大科学计划，助力中国气候外交发出华电声音。

（二）开展联合研究

国家电网与国际可再生能源署（IRENA）以多种方式开展高频次交流互动，围绕能源转型重大问题开展联合研究，双方专家共同起草并发布了多项 IRENA 年度旗舰报告。

南方电网发起成立澜湄国家调度技术联合工作组、澜湄区域电力技术标准促进会，与国内高校、湄公学院共同成立澜湄国家电力技术国际合作联合实验室，与老挝共同建立双边电力技术标准委员会，澜湄区域电力技术标准合作不断深化。

中国电建与国际大坝委员会 21 世纪水库与大坝挑战和展望专委会开展联合研究，编制漂浮式光伏水库的公告，推动漂浮式光伏的关键元素和大坝安全建立联系，并提供更多的工程案例，推动中国相关标准 "走出去"。

（三）设立境外分支机构

截至 2023 年年底，中国主要电力企业共设立各类有效境外分支机构约 874 个，其中 2023 年新增 25 个，涉及 18 个国家和地区。中国能建在境外新增机构最多，共 16 个。2023 年中国主要电力企业新增境外分支机构分布情况如图 3-1 所示。

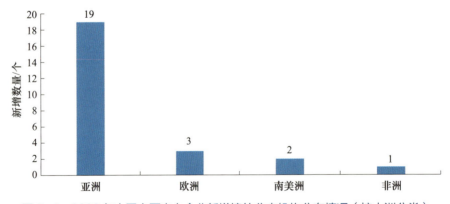

图 3-1　2023 年中国主要电力企业新增境外分支机构分布情况（按大洲分类）

数据来源：中电联

按照国家分类，新增设立分支机构最多的国家是菲律宾和乌兹别克斯坦，在 2023 年分别设立 3 个分支机构，占新增设立境外分支机构数量的 24%。各电力企业新增境外机构依然以"一带一路"共建国家为重点。2023 年中国主要电力企业新增境外分支机构所在主要国家分布情况如图 3-2 所示。

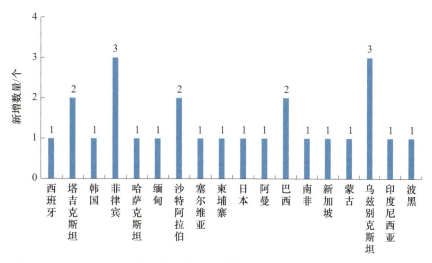

图 3-2　2023 年中国主要电力企业新增境外分支机构所在主要国家分布情况

数据来源：中电联

第二节　国际会议和展览

一、国际会议

2023 年，中国电力行业参加各类境内外国际会议 76 场，由国家电网、南方电网、中国华能、中国华电、中电联等单位主办、承办和协办的国际性会议 25 场。

专栏 3-1

2023 年中国电力行业主办、承办和协办的代表性会议

2023 国际水电发展大会

4 月 18 日，2023 国际水电发展大会在京召开。会议以"抽水蓄能——构建未来新型能源体系的重要支撑"为主题，由国家能源局和国际可再生能源署（IRENA）指导，中国水力发

电工程学会牵头主办，国家电网、南方电网、长江三峡、中国电建、中国—国际可再生能源署合作办公室联合主办，中国电建集团国际工程有限公司、水电水利规划设计总院、国网新源控股有限公司、南方电网储能股份有限公司、中国三峡建工（集团）有限公司联合承办，北京水力发电工程学会协办。本次会议对推动国内外在水电（含抽水蓄能）和新能源方面的交流与合作，共促全球能源低碳转型绿色发展，构建未来新型能源体系具有重要推动作用。

2023 国际标准化（麒麟）大会

6 月 7—8 日，以"国际标准化助力全电社会转型"为主题的 2023 国际标准化（麒麟）大会在江苏南京召开，就前沿科技发展、国际标准化需求与实践、全球市场准入及推广等议题展开深入研讨。本次会议期间发布多项由我国牵头编制的 IEC 新兴技术战略白皮书，包括《以新能源为主体的零碳电力系统》中文版、《多能智慧耦合能源系统》《多源固废能源化：固废耦合发电系统》3 本国际标准化白皮书，是促进"双碳"领域相关新兴技术发展和标准化的权威指导性文件。白皮书由中国标准化专家担任项目负责人，牵头组织中、德、法、美、日、意等国专家共同制定，国家电网、南方电网、中国华能、国家能源集团等能源企业，中国电机工程学会等行业学会，中国科学院、清华大学、西安交通大学、武汉大学、东南大学等高校及科研机构参与联合编制。

第八届澜湄国家电力企业高峰会

9 月 18 日、21 日，由南方电网主办的第四届澜湄区域电力合作中资企业沟通合作峰会和第八届澜湄国家电力企业高峰会在海南海口举行，深入探讨清洁能源开发合作，推动可持续发展。另外，由南方电网倡议发起的粤港澳电力企业高峰会、中日韩电力企业高峰会已分别举办 11 届和 5 届。

2023 年全球能源互联网大会

9 月 26—29 日，2023 全球能源互联网大会在北京召开，来自全球五大洲 40 多个国家和地区的 600 多位嘉宾围绕"全球能源互联网与新型能源体系"大会主题，共商能源变革转型大计，推动全球能源互联网建设，促进世界可持续发展。会议现场举行合作协议签署仪式和专业联盟主席单位授牌仪式，发布《中国清洁能源基地化开发研究》《全球能源互联网报告 2023》《全球能源电力绿色转型创新实践案例 2023》3 项研究成果。

第 24 届亚太电协大会

10 月 20—23 日，由亚太电协、中电联主办，18 家中国主要电力企业及单位联合主办的第 24 届亚太电协大会在厦门召开。大会以"绿色低碳 电亮未来"为主题，这是继 2004 年后，时隔近 20 年，亚太电协大会再次由中国内地承办。来自 50 多个国家和地区的政府部门、电力企业、行业协会、研究机构及高等院校等近 600 家单位 3000 多位嘉宾参加会议。大会为期 3 天，除主旨演讲外，还发布亚太电协技术委员会专题报告，举行 11 场专题论文交流会，举办 3 场平行边会，并开展文化之夜、展览展示、技术参观系列活动，为参会嘉宾和代表打造多维度、跨领域的交流及合作平台。大会展览会展区总面积 17500 米^2 左右，全方位展示了亚太电协成员单位的创新成果与发展成就。

2023 年东北亚区域电力联网与合作论坛

11 月 14—15 日，由联合国亚太经社会、中电联、全球能源互联网发展合作组织（以下简称"合作组织"）联合主办的"东北亚区域电力联网与合作论坛 2023"在北京成功举办。本届论坛是中电联自 2016 年提出建立"东北亚电力互联与合作论坛"区域合作机制倡议后召开的第八次论坛，也是自 2020 年以来的第一次线下论坛。论坛主要内容包括发布东北亚绿色电力通道路线图项目成果，交流分享东北亚电力联网与合作、联合国 2030 可持续发展目标在东北亚区域的实施和执行情况等。论坛指导委员会还讨论决定增加成员单位。本次论坛旨在深入探讨东北亚区域电网互联互通进展，为未来工作提供制度支持，提出前瞻性设想。同时，促进东北亚区域各方在电力联网发展规划、国际合作、技术创新、政策制度等方面达成共识，为未来工作奠定坚实基础，推动东北亚区域电力联网实现新的更大突破。

二、国际会展

2023 年，新冠肺炎疫情时代宣告结束，全球电力行业重要国际性展会场次逐渐增加、规模逐渐扩大，中国电力行业持续强化国际沟通对接、深化务实合作，加强与全球能源电力同行交流。截至 2023 年年底，中国主要电力企业积极参与国际性展会 17 场，2023 年中国主要电力企业参加的部分境内外国际展览情况见表 3-2。

表 3-2　　　　2023 年中国主要电力企业参加的部分境内外国际展览情况

序号	展览名称	主办方	举办时间	举办地点
1	2023 中东迪拜国际电力、照明及新能源展览会	迪拜世界贸易中心	2023 年 3 月	阿联酋迪拜
2	2023 年墨西哥国际电力、照明及新能源展览会	Vanexpo 展览公司	2023 年 6 月	墨西哥
3	越南国际绿色能源及电力工业展览会	越南工贸部	2023 年 7 月	越南胡志明市

续表

序号	展览名称	主办方	举办时间	举办地点
4	第七届中国—南亚博览会暨第27届中国昆明进出口商品交易会	云南省人民政府	2023 年 8 月	中国云南昆明
5	第 20 届中国—东盟博览会	中国和东盟 11 国政府经贸主管部门及东盟秘书处	2023 年 9 月	中国广西南宁
6	2023 年印尼雅加达电力展览会	印尼国家电力公司	2023 年 9 月	印尼雅加达
7	第四届中国—蒙古国博览会	中国商务部、蒙古国食品农牧业和轻工业部、内蒙古自治区人民政府	2023 年 9 月	中国内蒙古呼和浩特
8	2023 世界水资源大会展览	中国水利部、国际水资源学会	2023 年 9 月	中国北京
9	2023 全球能源互联网大会	合作组织	2023 年 9 月	中国北京
10	2023 亚太新型电力系统暨储能技术展览会	中电联、厦门市发展和改革委员会、厦门国家火炬高技术产业开发区、国网福建省电力有限公司、国网福建省电力有限公司厦门供电公司	2023 年 10 月	中国福建厦门
11	2023 年世界水电大会展览会	IHA 世界水电协会、印尼政府	2023 年 10 月	印尼
12	第 24 届亚太电协大会展览会	亚太电协、中电联主办，中国国内主要电力企业及单位联合主办	2023 年 10 月	中国福建厦门
13	首届中国国际供应链促进博览会	中国国际贸易促进委员会	2023 年 11 月	中国北京
14	第六届中国国际进口博览会	中国商务部、上海市人民政府	2023 年 11 月	中国上海
15	第 11 届北非石油能源国际贸易博览会	北非国际石油组委会	2023 年 11 月	阿尔及利亚
16	第 48 届菲律宾电力能源展览会	菲律宾电力工程协会	2023 年 11 月	菲律宾马尼拉
17	2023 年法国世界核能工业展	法国核工业出口商协会和励展展览集团公司	2023 年 11 月	法国巴黎

数据来源：中电联

第三节 电力标准国际合作

一、IEC、ISO 2021 年国际标准发布情况

2023 年，除标准勘误表（Corrigendum）、解释文件（Interpretation Sheet）和修订文件（AMD）外，IEC 共计发布新出版物 639 项，包括国际标准（IS）417 项，技术规范（TS）61 项，技术报告（TR）30 项，公开技术文件（PAS）5 项，市场参考文件（SRD）5 项，指南（GUIDE）4 项，白皮书 1 项，及趋势报告 1 项。另有 115 项外部出版物，包括 IEC 技术委员会配合制

定、由 ISO 主管的 ISO/IEC JTC 1 下设分技术委员会制定，以及在其他国际标准化组织中发布的出版物。ISO 2023 年共计发布了 1465 项国际标准，其中能源领域 59 项，占全部新发布标准的 4%，另有 95 项新增工作项目，占年度新增工作项目的 5.1%。

二、2023 年中国电力行业参与电力标准国际化工作情况

近年来，中国电力企业积极参加各种国际标准化活动，探索新型国际标准化工作机制，逐步建立政府引导、企业为主体、产学研联动的国际标准化工作模式，推动更多由中国电力企业主导编写的标准走向世界，为全球标准化事业的发展贡献中国智慧和力量。2023 年，中国电力企业参与制定国际标准约 100 项，并在多个国际标准制定过程中担任主要角色。

专栏 3-2

2023 年中国电力行业参与电力标准国际化工作情况

国家电网紧紧围绕能源低碳转型和新型电力系统建设关键领域，聚焦战略新兴及未来产业方向，深入推进国际标准化工作，在国际标准组织技术机构创建、重点领域国际标准布局、国际标准化人才培养等方面取得突出成绩。推动成立第一个由我国主导的 IEC 系统委员会"可持续电气化交通"（IEC SyC SET）并承担秘书处工作，先后承担 9 个 IEC 技术机构秘书处。2023 年推动立项国际标准 60 项、发布 21 项。不断强化国际标准对产业的促进作用，拓宽国际标准应用路径，推动国际标准与海外业务一体化发展，累计推动 600 余项中国标准海外应用，实现中国技术、装备、标准、服务全链条"走出去"。

南方电网积极加强规则制度对接、技术标准协调，累计主导发布国际标准 18 项，在编国际标准 18 项，外文版企业标准 29 项，能源电力规则、标准"软联通"水平显著提升。2023 年新发布 ISO、IEC 国际标准 3 项，正式获批立项国际标准 2 项。

中国华能持续推动国际标准化工作，充分发挥企业在标准制定中的主体作用，加快推进国际标准制修订和国际标准体系建设，通过多方协调重点突破。截至 2023 年年底，中国华能在 IEC、ISO 累计发布国际标准 17 项，立项国际标准 22 项。2023 年共计发布 6 项、立项 8 项国际标准，涉及多个新兴领域，推动中国华能国际标准制修订从数量规模型向质量效益型转变。

中国华电下属单位华电机械院完成全球首个循环水节水国际标准（ISO/TC282/WG4）编制工作。

国家电投主导制定的国际标准《核设施　仪表、控制与电气系统　人工智能应用》（IEC

TR63468：2023）正式发布，这是 IEC 在核领域的首个人工智能应用国际标准，确定了 IEC 核设施仪表控制和电气系统分委会（第 45A 分委会）在该新兴领域的标准体系框架，明确了未来 10 年标准制定的总体原则和路线图。此外，国家电投牵头主导的 ISO 标准《微束分析　电子背散射衍射　术语》（ISO/AWI 23699）、参与的 IEC 标准《风力发电系统　第 50－4 部分：漂浮式激光雷达测风》（IEC TS 61400-50-4）和 IEEE 标准《电网工程勘测设计民用轻小型无人机摄影测量技术要求》（IEEE 1936.2—2023）均已发布。

国家能源集团所属数智科技公司一直以来致力于推动煤炭智慧实验室国际标准建设。2022 年 12 月，数智科技公司发布全球首个基于区块链的《无人值守可信煤炭化验室通用技术要求》（T/ZSA 137）系列团体标准；2023 年 5 月，在此团体标准基础上，提出的《煤质检测智慧实验室设计标准》获国际标准化组织批准，正式通过预提案（PWI）注册。

中国三峡集团积极参与国际规则及标准制定，组织或参加多个执委会及专委会等工作会议，如国际大坝委员会（ICOLD）第 91 届年会相关专委会会议、亚太电协技术委员会第三次及第四次会议、HYDRO 2023 第 42 届执行委员会、IEC/TC4 国际标准工作组会议及国内对口工作组会议等，贡献三峡经验与智慧。

中国电建 2023 年参与制定国际标准 21 项，其中发布标准 9 项、批准阶段 1 项、审查阶段 3 项、征求意见阶段 3 项、起草阶段 5 项。

中电联作为 2022—2023 年度亚太电协技术委员会副主席单位，组织动员中国代表全面参与了亚太电协技术委员会第四次全体会议以及智能电网资产管理、可持续发电、电动汽车和标准化 4 个工作组的分组会议，在 10 月 20 日厦门亚太电协大会上完成了中电联发起成立的标准化工作组工作报告，顺利接任 2024—2025 届亚太电协技术委员会主席单位。指导推动成立澜湄区域电力技术标准促进会，参加澜湄区域电力技术标准交流会，不断增强澜湄区域技术交流的深度和维度；受国家标准委委托，中电联担任中德电动汽车标准化工作组中方秘书处工作，结合电动汽车大功率充电示范项目建设、无线充电互操作测试活动，迄今已组织 10 次中德电动汽车超大功率充电（MCS）专家组技术研讨会。

第四章

中国电力企业对外投资与工程承包

2023 年，新冠肺炎疫情趋于平稳，国际投资合作总体呈复苏态势，中国对外直接投资平稳发展，高质量共建"一带一路"迈出坚实步伐。根据商务部统计，2023 年，中国对外全行业直接投资 10418.5 亿元人民币，较上年增长 5.7%（折合 1478.5 亿美元，增长 0.9%）。其中，中国境内投资者共对全球 155 个国家和地区的 7913 家境外企业进行了非金融类直接投资，累计投资 9169.9 亿元人民币，增长 16.7%（折合 1301.3 亿美元，增长 11.4%）。中国对外承包工程完成营业额 11338.8 亿元人民币，较上年增长 8.8%（以美元计为 1609.1 亿美元，增长 3.8%）；新签合同额 18639.2 亿元人民币，增长 9.5%（以美元计为 2645.1 亿美元，增长 4.5%）。

聚焦电力投资和工程承包板块，截至 2023 年年底，中国主要电力企业境外累计实际投资总额为 1104.64 亿美元；对外工程承包合同额累计 4024.26 亿美元；电力装备出口总额累计达 350.49 亿美元；电力技术服务出口累计总额为 122 亿美元。

与 2022 年相比，2023 年中国主要电力企业对外直接投资金额同比增长 30.82%，对外承包工程新签合同额同比下降 19.27%。2017—2023 年中国主要电力企业对外合作总体情况如图 4−1 所示。

图 4−1　2017—2023 年中国主要电力企业对外合作总体情况

数据来源：中电联

第一节 电 力 境 外 投 资

一、基本情况

2023 年，全球经济复苏态势明显，新冠肺炎疫情影响日渐消散，投资环境相较前两年明显改善，但由于俄乌冲突、通胀高企、美元加息、大国博弈等因素叠加共振，中国电力行业对外投资合作呈现缓慢增长趋势。

2023 年，中国主要电力企业对外直接投资的项目共 34 个，投资总金额 44.23 亿美元，同比增长 30.82%。2023 年中国主要电力企业对外直接投资额超过 1 亿美元的部分项目情况见表 4-1。

表 4-1　　　2023 年中国主要电力企业对外直接投资额超过 1 亿美元的部分项目情况

排序 （按投资金额由高到低）	所属集团	项目名称
1	国家能源集团	乌兹别克斯坦卡什卡达里亚州尼松光伏项目
2	国家能源集团	乌兹别克斯坦布哈拉州卡拉乌巴扎尔光伏项目
3	中国三峡集团	西班牙（Roadrunner）光伏股权收购项目
4	中国三峡集团	墨西哥太阳能源光伏（Kinich）项目
5	中国三峡集团	西班牙弗洛雷斯（Flores）陆上风电项目
6	中国三峡集团	巴基斯坦卡洛特水电站项目
7	国家能源集团	巴基斯坦苏基克纳里水电站项目
8	中国三峡集团	埃及约旦（Catalyst）光伏股权收购项目

数据来源：中电联

二、投资领域

2023 年，中国主要电力企业对外投资主要涉及太阳能发电、水电、风电、输变电及其他投资等领域。从投资金额看，太阳能发电投资金额最高，为 26.5 亿美元；水电 4.9 亿美元；风电 3.66 亿美元；输变电 1.37 亿美元；其他类投资 7.8 亿美元。2023 年中国主要电力企业对外直接投资领域分布情况如图 4-2 所示。

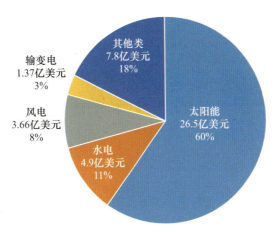

图 4-2 2023 年中国主要电力企业对外直接投资领域分布情况（按项目投资金额）

数据来源：中电联

从 2013 年"一带一路"倡议提出以来，中国主要电力企业在境外年度对外发生直接投资的项目累计约 300 个，相比水电、火电、输变电等其他电源类型，以太阳能发电和风电为主的新能源发电项目数量占比最高，约 33%。继 2021 年 9 月下旬，中国正式宣布停止新建境外煤电项目，除在建项目外，煤电领域对外投资几乎呈断崖式下降。2021 年起，每年境外发生对外直接投资的新能源项目数量显著上升，占比均保持在 50% 以上。

从项目数量上看，新能源是对外投资项目数量最多的领域，共 21 个项目，约占 61.8%；其中光伏 17 个项目，占总投资项目数量的 50%；风电 4 个项目，占总投资项目数量的 11.8%。2020—2023 年中国主要电力企业对外直接投资领域分布情况（按项目数量）如图 4-3 所示。

图 4-3 2020—2023 年中国主要电力企业对外直接投资领域分布情况（按项目数量）

数据来源：中电联

三、投资地区

中资企业对外投资方式呈现技术化、多元化和跨领域趋势，"一带一路"共建国家、东亚、东南亚等地区为投资热点。2023 年，中国主要电力企业在亚洲的对外投资金额远超其他地区，为 30.5 亿美元。欧洲其次，为 7.8 亿美元，美洲 5.9 亿美元。2020—2023 年中国主要电力企业对外投资地区分布情况（按项目数量）如图 4-4 所示。

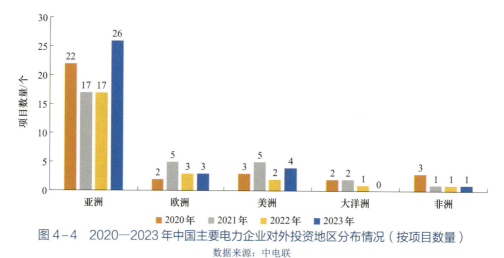

图 4-4　2020—2023 年中国主要电力企业对外投资地区分布情况（按项目数量）

数据来源：中电联

四、投资方式

投资模式从是否新建的角度分为并购投资和新建投资，从是否控股的角度分为控股投资和参股投资，从商业模式的角度分为 BOT 和 BOOT 等❶。

从投资金额上看，2023 年中国主要电力企业 BOT 投资最多，为 18.23 亿美元，并购投资 14.28 亿美元，新建投资 7.12 亿美元，BOOT 投资 3.9 亿美元，参股投资 0.7 亿美元。

从投资阶段看，新建投资的项目数量多于并购投资，分别为 13 个项目和 9 个项目。2020—2023 年中国主要电力企业境外项目数量（按投资阶段）如图 4-5 所示。

图 4-5　2020—2023 年中国主要电力企业境外项目数量（按投资阶段）

数据来源：中电联

---

❶　BOT：建设-经营-移交（Build-Operation-Transfer）；BOOT：建设-拥有-运营-移交（Build-Own-Operate-Transfer）；BOO：建设-拥有-运营（Build-Own-Operation）。

从投资方式看，BOT 的项目为 7 个，BOOT 的项目为 3 个。2020—2023 年中国主要电力企业境外项目数量（按投资方式）如图 4-6 所示。

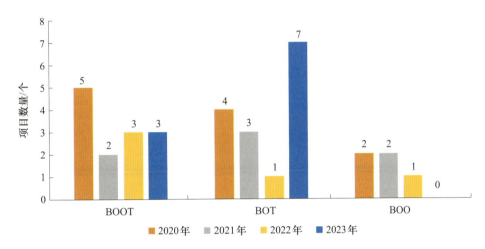

图 4-6 2020—2023 年中国主要电力企业境外项目数量（按投资方式）

数据来源：中电联

第二节 电力境外工程承包

一、基本情况

进入 2023 年以来，国际工程市场继续呈现复苏态势，全球经济放缓、地缘政治紧张和供应链不稳定等多重压力，给国际工程市场发展带来新的困难与挑战。面对复杂的国际形势和不断变化的市场需求，中国对外承包工程行业持续展现出强劲韧性。

2023 年美国 ENR（Engineering News-Record，工程新闻记录）"全球最大 250 家国际承包商"榜单中共有 81 家中资企业入围，与 2022 年相比增加 2 家，继续蝉联各国榜首。从各国上榜企业国际营业总额来看，中国上榜企业 2022 年国际营业额合计 1179.3 亿美元，同比提高 4.4%，占全部上榜企业国际营业总额的 27.5%，较上年下降 0.9 个百分点。上升幅度最大的为中国核工业建设股份有限公司，从未上榜升至第 134 名；中国电建在电力领域连续 9 年蝉联第一；中国东方电气集团和特变电工上升幅度明显，分别位列 74 名和 79 名。入选 2022 年、2023 年全球最大 250 家国际承包商的中国电力企业排名见表 4-2。

表 4-2   入选 2022 年、2023 年全球最大 250 家国际承包商的中国电力企业排名

序号	单位名称	2023 年度排名	2022 年度排名
1	中国电力建设集团有限公司	8	6
2	中国能源建设股份有限公司	17	17
3	上海电气集团股份有限公司	62	40
4	中国东方电气集团有限公司	74	101
5	特变电工股份有限公司	79	109
6	中国电力技术装备有限公司	94	74
7	哈尔滨电气国际工程有限责任公司	101	85
8	中国核工业建设股份有限公司	134	未上榜
9	江西省水利水电建设有限公司	135	131
10	中国水利电力对外有限公司	156	128
11	西安西电国际工程有限责任公司	158	189
12	山东电力工程咨询院有限公司	176	164

数据来源：美国《ENR》

截至 2023 年年底，中国主要电力企业对外工程承包合同金额累计 4024.26 亿美元。2023 年，中国主要电力企业年度新签工程承包合同项目 205 个，合同金额 264.55 亿美元，同比减少 19.3%。

2023 年，中国主要电力企业新签项目合同金额 5000 万美元以上的大型对外承包工程项目共计 102 个，比 2022 年减少 15 个，合同总金额 248.87 亿美元，同比减少 21.3%。

二、承包区域和领域

2023 年，中国主要电力企业新签境外工程承包项目涉及 55 个国家和地区，其中亚洲和非洲占比最多，分别为 59% 和 23.9%。2023 年中国主要电力企业境外承包工程项目业务布局如图 4-7 所示。

新签工程项目中，新能源和输变电项目最多，分别为 99 个和 47 个，占境外新签工程承包项目总数的 48.3% 和 22.9%。新能源项目中，太阳能发电和风电项目数量分别为 84 个（占总新签工程承包项目数量的 40.9%）和 15 个（占总新签工程承包项目数量的 7.3%）。

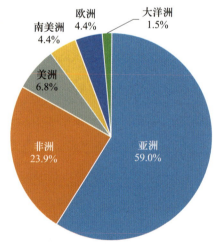

图 4-7   2023 年中国主要电力企业境外承包工程项目业务布局

数据来源：中电联

2020—2023 年中国主要电力企业境外承包工程项目分布领域（按新签项目数量）如图 4-8 所示。

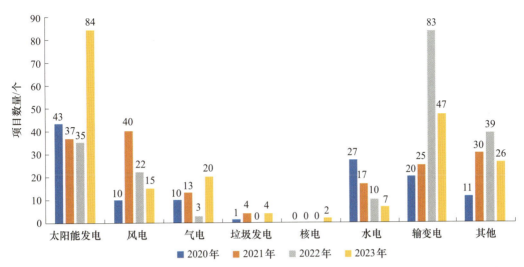

图 4-8　2020—2023 年中国主要电力企业境外承包工程项目分布领域（按新签项目数量）

数据来源：中电联

三、承包方式

2023 年，中国主要电力企业对外承包工程的承揽方式依然以 EPC 为主，共 155 个项目，占对外承包工程总量的 75.6%。2020—2023 年中国主要电力企业境外承包方式（按新签项目数量）如图 4-9 所示。

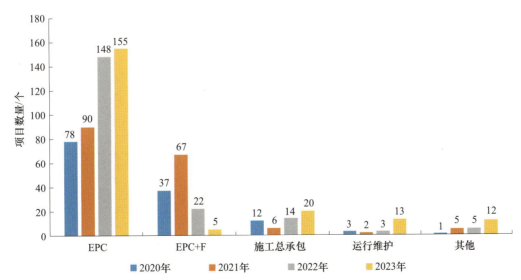

图 4-9　2020—2023 年中国主要电力企业境外承包方式（按新签项目数量）

数据来源：中电联

第三节　电力装备及技术服务出口

2023 年，中国主要电力企业年度出口电力装备总金额 21.86 亿美元，同比增长 30.7%。其中，设备直接出口总额 14.63 亿美元，境外工程带动装备出口总额 7.23 亿美元。

2023 年，电力技术服务出口总额为 1.73 亿美元。其中，直接出口技术服务总额 1.28 亿美元，境外工程带动出口技术服务总额 0.45 亿美元。电力企业为境外提供电力运营管理、项目建设管理等行业管理服务，涵盖电站维护、运行、基建等领域。

第五章

中国电力"一带一路"合作

第一节 "一带一路"情况及分析

一、政策背景

2013 年，国家主席习近平审时度势，提出共建"一带一路"宏伟倡议，成为人类发展史上具有里程碑意义的事件。11 年来，在国内外各方携手努力下，共建"一带一路"落地生根、蓬勃发展，已成为开放包容、互利互惠、合作共赢、深受欢迎的国际公共产品交易和国际合作平台，为全球共同发展搭平台、做增量、添动力。党的二十大报告将"推进高水平对外开放"作为加快构建新发展格局、着力推动高质量发展的五大重要任务之一，并强调推动共建"一带一路"高质量发展。"一带一路"建设的具体举措及成果，有力推动了高水平对外开放，在开放中促进了高质量发展，以中国新发展为世界提供了新机遇。

专栏 5-1

2023 年共建"一带一路"部分相关政策

※《国务院办公厅关于推动外贸稳规模优结构的意见》（国办发〔2023〕10 号）部分内容

1. 提升大型成套设备企业的国际合作水平。加大出口信用保险支持力度，更好服务大型成套设备项目。金融机构在加强风险防控基础上，统筹考虑项目具体情况，保障大型成套设备项目合理资金需求。鼓励各地方通过开展招聘服务等方式，保障企业用工需求，加强岗位技能培训，确保履约交付，推动行业长期健康发展。

2. 加大进出口信贷支持。商业性金融机构进一步提升中西部地区分支机构在贸易融资、结算等业务方面的服务能力。鼓励银行和保险机构扩大保单融资增信合作，加大对中小微外贸企业的融资增信支持力度。在依法合规、风险可控前提下，鼓励国有大型金融机构加大资源倾斜，积极满足中小微企业外贸融资需求。鼓励政府性融资担保机构为符合条件的小微外贸企业提供融资增信支持。

3. 完善边境贸易支持政策。做大沿边省份对外贸易。有力有序推进边民互市贸易进口商品落地加工试点工作。探索建设边民互市贸易进口商品数据监测平台。修订出台边民互市贸易管理办法，优化边民互市贸易多元化发展的政策环境，增加自周边国家进口。

4. 发展绿色贸易。指导商协会等行业组织制订外贸产品绿色低碳标准，支持相关产品进一步开拓国际市场。组织开展重点行业企业培训，增强企业绿色低碳发展意识和能力。

5. 更好发挥自由贸易协定效能。高质量实施已生效的自由贸易协定，编发重点行业应用指南，深入开展《区域全面经济伙伴关系协定》（RCEP）等专题培训，组织论坛等多种形式的交流活动，加强地方和企业经验分享，提高对企业的公共服务水平，不断提升自由贸易协定的综合利用率。鼓励和指导地方组织面向 RCEP 等自由贸易伙伴的贸易促进活动。

※《商务部等 17 部门关于服务构建新发展格局　推动边（跨）境经济合作区高质量发展若干措施的通知》（商资发〔2023〕18 号）部分内容

1. 畅通跨境物流和资金流。加快通往边（跨）境经济合作区的跨境铁路、高速和高等级公路规划建设，推动相关国际道路运输协定商签进程，通过援外资金等支持边（跨）境经济合作区毗邻的外方边境口岸基础设施、防疫能力及园区建设。根据新冠肺炎疫情防控形势和口岸实际情况，优化口岸货运装卸作业模式，保障边境供应链稳定畅通。有序推动将更多边（跨）境经济合作区纳入资本项目外汇便利化政策支持范围，支持边（跨）境经济合作区实施贸易外汇收支便利化政策，与有关邻国开展双方货币跨境结算、现钞跨境调运、金融政策协调等领域磋商与合作。

2. 高质量实施 RCEP。指导支持有关边（跨）境经济合作区及所在省区用好区域全面经济伙伴关系协定（RCEP）等规则体系，进一步扩大 RCEP 实务培训，深化与 RCEP 成员国在科技创新、数字经济、信息通信等领域的合作。

3. 支持地方参与国际经贸合作。在认真落实新冠肺炎疫情防控新阶段各项措施前提下，支持边（跨）境经济合作区及所在地方政府承办多双边经贸机制会议及财税金融政策沟通、产业对接、人文交流、旅游合作等领域论坛活动。支持有关跨境经济合作区及所在地方政府与毗邻国家合作建设商品物码溯源体系，优化对零售商品供应渠道的管理服务。

※ 国务院办公厅印发《关于加快内外贸一体化发展的若干措施》的通知(国办发〔2023〕42号)部分内容

加快内外贸一体化发展是构建新发展格局、推动高质量发展的内在要求,对促进经济发展、扩大内需、稳定企业具有重要作用。为贯彻落实党中央、国务院决策部署,加快内外贸一体化发展,提出如下措施。

1. 促进内外贸标准衔接。对标国际先进水平,建立完善国际标准跟踪转化工作机制,转化一批先进适用国际标准,不断提高国际标准转化率。加强大宗贸易商品、对外承包工程、智能网联汽车、电子商务、支付结算等重点领域标准外文版编译,加大宣传推广力度,帮助企业降低市场转换的制度成本。完善"一带一路"共建国家标准信息平台,进一步发挥《出口商品技术指南》作用,优化国内国际标准服务。推进国家级服务业标准化试点(商贸流通专项)工作,加强标准创新。

2. 支持外贸企业拓展国内市场。组织开展外贸优品拓内销系列活动,加强市场对接和推广,鼓励开展集中采购,支持优质外贸产品进电商平台、进商场超市、进商圈步行街、进工厂折扣店、进商品交易市场。

3. 加强知识产权保护。加大对外贸企业商标权、专利权的保护力度,以服装鞋帽、家居家装、家用电器等为重点,开展打击侵权假冒专项行动。落实电商平台对网络经营者资格和商品的审查责任,完善投诉举报处理制度,及时纠正制止网络侵权行为。

4. 深化内外贸一体化试点。赋予试点地区更大改革创新自主权,加快对接国际高标准经贸规则,促进内外贸规则制度衔接,复制推广一批创新经验和典型案例。更好发挥自由贸易试验区、国家级新区、国家级经济技术开发区、综合保税区等开放平台示范引领作用,鼓励加大内外贸一体化相关改革创新力度。

5. 更好发挥信用保险作用。加强出口信用保险和国内贸易信用保险协同,按照市场化原则加大内外贸一体化信用保险综合性支持力度,优化承保和理赔条件。鼓励保险机构开展国内贸易信用保险业务,推动保险机构在依法合规前提下,通过共保、再保等形式,提升国内贸易信用保险承保能力。鼓励有条件的地方以市场化方式支持内外贸一体化企业投保国内贸易信用保险。

※ 推进"一带一路"建设工作领导小组办公室发布《坚定不移推进共建"一带一路"高质量发展走深走实的愿景与行动——共建"一带一路"未来十年发展展望》部分内容

力争未来十年左右时间,各方朝着平等合作、互利互惠的目标相向而行,不断拓展共建"一带一路"各领域务实合作,深化"一带一路"合作伙伴关系,推动共建"一带一路"进入高质量发展的新阶段,为实现和平发展、互利合作、共同繁荣的世界现代化作出更大贡献,共同构建政治互信、经济融合、文化包容的利益共同体、责任共同体和命运共同体。

具体包括五大目标，即：一是互联互通网络更加畅通高效，在尊重相关国家主权和安全关切的基础上，推动"六廊六路多国多港"空间架构的系统性、立体性进一步健全。二是各领域务实合作迈上新台阶，"硬联通""软联通""心联通"统筹推进、走深走实，健康、绿色、数字、创新丝绸之路建设取得新突破。三是共建国家人民获得感、幸福感进一步增强，人文交流内容更加丰富、形式不断拓展，民心民意基础持续巩固。四是中国更高水平开放型经济新体制基本形成，规则、规制、管理、标准等制度型开放稳步扩大，区域开放布局不断优化，为国际合作注入更多活力。五是人类命运共同体理念日益深入人心，共建"一带一路"国际感召力进一步彰显，为构建持久和平、普遍安全、共同繁荣、开放包容、清洁美丽的世界作出更大贡献。

※ 中国同 26 个国家共同发起的《深化互联互通合作北京倡议》部分内容

1. 推动交通设施便捷畅通。共同推动公路、铁路、海运和航空运输网络建设，推进线路、场站、港口等设施现代化改造和维护。提升铁路联运班列、道路运输、海运、民航、跨境寄递等国际运输服务水平。深化国际运输便利化和大通关协作，加强国际物流供应链保通保畅合作，提升国际运输大通道韧性。共同推进"空中丝绸之路"建设高质量发展。

2. 促进能源稳定可持续发展。携手推进能源资源开发和基础设施建设，提升能源可及性。促进能源资源贸易合作，提高能源供应稳定性，增强运输通道保障能力，巩固拓展跨境油气管道合作。加强清洁能源开发利用和智能电网、储能设施建设，推广绿色低碳的能源生产消费模式。

3. 提高水利民生保障能力。共同开展水旱灾害防御、城镇供水与污水处理、水土流失治理、农业节水灌溉、河湖生态保护治理等领域项目合作，提升水安全保障能力。推动水资源合理利用和保护，提升水资源节约集约利用能力和水平。推动共建水利技术研发平台，共享治水管水技术与理念，实施水利联合科研计划与项目。

4. 推进信息设施有效联通。共同推进国际陆缆、海缆等通信网络建设，持续优化网络架构，提高国际通信互联互通水平。稳步推进 4G、5G 网络普及和应用，提升移动通信网络可及性。推动新一代信息技术在传统基础设施领域赋能增效。推动建设绿色数据中心。

5. 提升规则标准等"软联通"水平。开展基础设施规则、规制、标准等方面国际合作，建立健全双多边互联互通政策协商和对话机制，推动形成国际上普遍认可的规则、标准和最佳实践。加强重点共识领域政府间合作，促进国际技术交流和人才培养。

6. 优化国际营商环境。共同维护以规则为基础的透明、非歧视、开放和包容的多边贸易体制，推动构建公正、合理、透明的国际经贸投资规则体系，提升贸易投资自由化、便利化水平。创新投融资机制，运用绿色贷款、绿色债券等新型金融工具支持基础设施建设。加强反腐败合作，提升公共和私营部门廉洁度。

※　习近平宣布中国支持高质量共建"一带一路"的八项行动部分内容

2023年10月18日上午，国家主席习近平在北京人民大会堂出席第三届"一带一路"国际合作高峰论坛开幕式并发表题为《建设开放包容、互联互通、共同发展的世界》的主旨演讲。习近平宣布中国支持高质量共建"一带一路"的八项行动，包括：① 构建"一带一路"立体互联互通网络；② 支持建设开放型世界经济；③ 开展务实合作；④ 促进绿色发展；⑤ 推动科技创新；⑥ 支持民间交往；⑦ 建设廉洁之路；⑧ 完善"一带一路"国际合作机制。

※《数字经济和绿色发展国际经贸合作框架倡议》部分内容摘要

1. 2023年10月18日，第三届"一带一路"国际合作高峰论坛贸易畅通专题论坛期间，中国与阿富汗、阿根廷、白俄罗斯、文莱、柬埔寨、喀麦隆、中非、智利、库克群岛、科特迪瓦、埃塞俄比亚、匈牙利、伊朗、肯尼亚、吉尔吉斯斯坦、老挝、蒙古国、莫桑比克、缅甸、尼加拉瓜、尼日利亚、纽埃、巴基斯坦、巴布亚新几内亚、菲律宾、塞尔维亚、塞拉利昂、斯里兰卡、塔吉克斯坦、坦桑尼亚、泰国、土库曼斯坦、乌兹别克斯坦、赞比亚共同发布《数字经济和绿色发展国际经贸合作框架倡议》（以下简称"数字和绿色国际经贸合作框架"）。

2. 数字和绿色国际经贸合作框架包括数字领域经贸合作、绿色发展合作、能力建设、落实与展望等4个部分，设置营造开放安全的环境、提升贸易便利化水平、弥合数字鸿沟、增强消费者信任、营造促进绿色发展的政策环境、加强贸易合作促进绿色和可持续发展、鼓励绿色技术和服务的交流与投资合作等7个支柱。

3. 数字和绿色转型是全球经济社会转型的两大趋势，也是促进经济增长的重要驱动力，两者协调发展将有助于经济、社会、环境实现可持续发展，将聚焦数字和绿色领域，秉持自主自愿、灵活务实、多方共建、开放发展的原则，挖掘合作潜能，开展务实贸易投资合作，打造发展新动能。

二、合作现状

"一带一路"已经成为惠及全球发展的重要国际公共产品交易和构建人类命运共同体的重要实践平台，能源合作是共建"一带一路"的重点领域。11年来，我国与共建国家凝聚能源发展共识，在能源投融资、能源基础设施互联互通、能源贸易、能源科技创新等方面开展务实合作，促进能源领域共同繁荣，为世界经济发展和全球能源转型注入强劲动力。截至2023年年底，我国已与152个国家、32个国际组织签署了200余份共建"一带一路"合作文件，覆盖 83%的建交国，遍布五大洲和主要国际组织，构建了广泛的"朋友圈"。商务部数据显示，2023 年我国企业在"一带一路"共建国家非金融类直接投资 2240.9 亿元人民币，比上年（下同）增长 28.4%（以美元计为 318 亿美元，增长 22.6%）。对外承包工程方面，我国企业在"一带一路"共建国家新签对外承包工程合同额 16007.3 亿元人民币，增长 10.7%（以美元计为 2271.6 亿美元，增长 5.7%）；完成营业额 9305.2 亿元人民币，增长 9.8%（以美元计为 1320.5 亿美元，增长 4.8%），不断在共建"一带一路"的历程中取得新成绩。

根据中电联收集的资料，自 2013 年以来，中国主要电力企业在"一带一路"共建国家累计完成投资额 3000 万美元以上的项目 133 个，总金额 251.05 亿美元；签订电力工程承包合同约 1179 个，总金额 1801.52 亿美元。

2023 年，中国主要电力企业在"一带一路"共建国家对外直接投资的项目 23 个，占总对外投资项目数量的 67.6%；实际完成投资约 30.59 亿美元，占 2023 年中国主要电力企业对外投资总额的 69.2%、项目涉及包括越南、缅甸、土耳其、乌兹别克斯坦、保加利亚等 12 个国家和地区，直接创造 1.1 万个当地就业岗位。

2023 年，中国主要电力企业在"一带一路"共建国家的新签境外工程承包合同项目 182 个，占总新签合同项目数量的 88.8%；合同额 248.32 亿美元，占 2023 年新签境外工程承包合同总金额的 93.9%。项目涉及沿线亚洲、非洲、欧洲等 46 个国家和地区，直接创造约 2.6 万个当地就业岗位。

第二节　中国电力企业国际合作业务简介

一、市场开拓情况

在全球化背景下，中国电力企业充分利用国内外两种资源和两个市场，基于不同国家和地区的特点和优势，不断优化资源配置、业务范围和市场布局，适应新形势下的发展需求，有效拓展了国际市场，显著提升了企业的国际竞争力。

专栏 5-2

截至 2023 年年底中国部分电力企业境外业务分布情况

1. 国家电网。在全球 45 个国家和地区开展业务，先后在菲律宾、巴西、葡萄牙、澳大利亚、中国香港、意大利、希腊、阿曼、智利、巴基斯坦等 10 个国家和地区成功投资和参与运营 13 个能源网公司。

2. 南方电网。境外业务主要包括与周边国家（地区）电网互联互通及跨境电力贸易、境外投资业务及境外非投资业务等，遍布在东南亚、南亚、欧洲、南美等全球 14 个国家（地区）。南方电网在中国香港、越南、老挝、缅甸、柬埔寨、泰国、智利、印尼、卢森堡、迪拜等地设立 10 个代表处。

3. 中国华能。境外资产主要分布在澳大利亚、新加坡、英国、缅甸、柬埔寨和巴基斯坦等 6 个国家。中国华能共设立驻澳大利亚、英国、哈萨克斯坦、巴基斯坦、新加坡、柬埔寨、缅甸共 7 个代表处和驻越南、印尼、老挝共 3 个工作组。

4. 中国大唐。境外业务主要分布在印尼、柬埔寨、缅甸、老挝、乌兹别克斯坦、泰国、印度、孟加拉国、圣普、中国香港等国家和地区，境外办事机构 9 个，包含越南、老挝、柬埔寨、缅甸、泰国、印尼、孟加拉国、中亚、非洲。2023 年新增项目在印尼，新增境外办事机构 2 个，分别是中亚代表处和非洲代表处。

5. 中国华电。境外业务主要分布在印尼、柬埔寨、越南、马来西亚、孟加拉国、加拿大、罗马尼亚、俄罗斯、中国香港等国家和地区。2023 年新增 5 个境外代表处，分别位于哈萨克斯坦、乌兹别克斯坦、菲律宾、南非和老挝。

6. 国家能源集团。境外业务主要分布在加拿大、澳大利亚、乌克兰、印尼、南非、希腊等 6 个国家；正在执行的境外工程项目 5 个，包括 3 个环保改造项目、1 个节能改造项目和 1 个控制系统项目。目前设有境外机构 40 家，分布在美国、加拿大、俄罗斯、蒙古国、澳大利亚、乌克兰、印尼、南非、希腊等 10 余个国家。

7. 国家电投。境外投资及工程承包主要电源为光伏发电、风电、煤电、气电，境外资产及办事机构主要分布在巴基斯坦、哈萨克斯坦、土耳其、越南、缅甸、日本、澳大利亚、德国、巴西等 19 个国家和地区。2023 年新增项目主要分布在巴西、日本、哈萨克斯坦、墨西哥等。

8. 中国三峡集团。境外业务范围涵盖水电、风电、太阳能等清洁能源投资开发及建设运营，业务遍及巴西、巴基斯坦、葡萄牙、西班牙、埃及、约旦、墨西哥等近 20 个国家和地区。通过绿地投资和股权并购等形式，广泛参与海外清洁能源合作，形成了以巴基斯坦为代表的"一带一路"共建国家、以葡萄牙为代表的欧美发达国家和以水资源富集的南美、非洲等为重点区域市场的国际业务布局，建成投产了一批优质清洁能源项目，储备了一批优质清洁能源项目资源。三峡国际欧洲公司是葡萄牙电力公司（EDP）单一最大股东，三峡国际巴西公司是巴西第三大发电企业，三峡亚非公司已成为巴基斯坦清洁能源投资先锋，三峡国际拉美公司专注拉美地区的清洁能源投资开发。

9. 中国电建。 境外投资电力项目主要分布在亚洲，并积极向非洲、大洋洲、南美洲和欧洲拓展，业务分布在柬埔寨、老挝、尼泊尔、巴基斯坦、印度、印尼、孟加拉国、哈萨克斯坦、缅甸、津巴布韦、澳大利亚、哈萨克斯坦、巴西、波黑等 14 个国别。

10. 中国能建。 境外投资主要电源类型为水电、火电及新能源，工程承包主要电源类型为新能源电站、水电站、燃气电站等。境外资产主要分布在巴基斯坦、乌兹别克斯坦等国家。截至 2023 年年底，中国能建境外开发机构 160 个，分布在 140 个国家或地区。2023 年全年，新增境外开发机构 32 个，形成了以亚洲、非洲为主，辐射美洲、中东欧、大洋洲的市场格局。

"一带一路"倡议为中国电力企业提供了更广阔的市场和发展机遇，促进了中国与共建国家在电力领域的深度合作，推动了全球能源转型和可持续发展。

专栏 5-3

中国电力企业在"一带一路"共建国家（地区）的部分国际合作业务

亚 洲 地 区

国际环境： 近年来，随着全球产业链加速重构以及东盟上升为中国第一大贸易伙伴、RCEP 的生效实施，中国—东盟开放合作动力愈发强劲。根据中国海关总署发布的 2023 年进出口数据，我国与东盟在 2023 年的贸易额达到 6.41 万亿元，同比增长 0.2%。东盟连续 4 年保持我国第一大贸易伙伴地位，我国也连续多年是东盟第一大贸易伙伴。5 月 18—19 日，首届中国—中亚峰会在中国西安召开。这是中国 2023 年举办的首场重大主场外交活动，也是中国与中亚五国建交 31 年以来首次线下举办峰会。该次会议取得了丰硕成果，共签署《中国—中亚峰会西安宣言》等 9 份多边合作文件，达成 54 项合作共识。

在东南亚地区： 国家电网印尼高级智能计量系统项目以 BOOT 模式实施，运营期 10 年，2023 年 12 月 20 日，项目按期投入商业运营。南方电网认真履行大湄公河次区域电力合作中方执行单位职责，与东盟国家能源企业高质量合作投资和建设超 50 个能源项目，通过 10 余回 110 千伏及以上线路与东盟国家电网相连，累计实现跨境电力互济超 700 亿千瓦·时。推动老挝国家输电网（EDL-T）项目列入国家战略性项目，纳入新版中老命运共同体行动计划，项目于 2023 年 12 月 28 日成功交割。中国华电以"一带一路"共建国家为重点国家，发挥东南亚、南亚"主战场"作用，深耕印尼、越南、柬埔寨等人口大国电力市场。中国华电累计在东盟拥有在运在建项目 9 个，装机容量 466.26 万千瓦，是国内各发电集团中在东盟最大发电运营商、柬埔寨第一大发电运营商。**中广核**践行国家"一带一路"倡议、助力构建"中老命运共同体"的重点项目，将老挝丰富的自然资源和国内广阔的电力需求有机结合，正在打造中国与周边国家首个互联互通、首个电力回送的大型清洁能源基地，不仅会有助于老挝资源开发和产业升级，也会有力缓解中国南方区域电力保供压力。

在中亚地区：中国华能依托哈萨克斯坦代表处，积极关注中亚五国的可再生能源机会，以风电、光伏发电、水电项目为主，同时关注电力技术服务等领域。**国家电投**哈萨克斯坦阿克莫拉州风电比原计划提前 3 个月实现全容量并网。保持中亚最大在运风电容量。

在南亚地区：国家电投孟加拉国首个集中式风电项目——科巴风电项目——投产发电。这是我国在孟加拉国集投资、建设、运营为一体的绿电项目，也是中孟能源合作的重要项目。**中国三峡集团**以巴基斯坦存量业务为基础，推进区域公司和项目公司多层面的股权多元化，实现独立滚动开发，走出巴基斯坦，面向亚太地区市场。**中广核**在南亚市场重点开发孟加拉国、巴基斯坦绿地项目。

在西亚地区：国家电网组织阿曼国家电网公司成功建成投运阿曼国家重点工程南北联网一期项目。

非 洲 地 区

国际环境：2023 年，作为发展中国家最集中的大陆，非洲凭借人口增长快、市场潜力大、矿物和能源储量丰富的优良禀赋，进一步化解地区安全风险，迎来经济复苏，在国际舞台上发挥更大作用。与此同时，中非全面战略合作伙伴关系也进一步深化，在第三届"一带一路"国际合作高峰论坛上，中国商务部与南非总统府电力部签署了关于推动新能源电力投资合作的框架协议，中非双方共同启动实施"一带一路"生态环保人才互通计划和"非洲光带"项目。2023 年中非贸易额达到历史峰值 2821 亿美元，同比增长 1.5%。目前中国与非洲在可再生能源领域的合作主要有两个方向。一是围绕风电、光伏发电等清洁能源产业展开合作；二是围绕电力基础设施建设展开合作，改善非洲民生用电状况，助力非洲经济发展。在当前全球能源转型背景下，中非可再生能源领域合作将结合非洲资源禀赋与中国产业链优势，具有广阔的发展空间。

国家能源集团积极开拓非洲地区的能源、电力投资项目，规避在与我国有外交摩擦的国家和地区开展投资，切实落实做好与南非国家电力公司等双边合作，继续开发新的合作伙伴，更好服务集团高质量发展。**中国能建**近年来分别与埃及、摩洛哥签署绿氢项目合作备忘录，拟在摩洛哥建设光伏、风电和年产量 140 万吨绿氨（约合 32 万吨绿氢）项目，拟在埃及建设光伏、风电、年产量 14 万吨的电解水制氢、合成氨以及配套的储存和处理设施项目。在 2023 年中非经贸博览会上，中国能建签署津巴布韦 100 兆瓦光伏电站项目、尼日尔 250 兆瓦风光储智慧能源园区项目、埃及塞得港绿氨项目、肯尼亚蒙巴萨路三角洲地区开发建设经济适用房项目商务合同和框架协议，涉及新能源、绿氢、房建等多个领域，合同总金额约 61 亿元人民币。涉及新能源、绿氢、房建等多个领域，合同总金额约 61 亿元人民币，在非洲市场深耕中迈出了坚实一步。

拉 美 地 区

国际环境：2023 年，拉丁美洲地区经济复苏受到全球需求不足、大宗商品价格下降、地缘冲突、极端天气以及美国大幅收紧货币政策等多重因素影响，经济增速整体放缓，区域内各国复苏势头分化明显。与此同时，中拉经贸合作稳步推进，为拉美国家化解经济困局、促进经济可持续发展提供助力。中国海关总署数据显示，2023 年中拉贸易额突破 4890 亿美元，同比增长 1.1%。

国家电网独立中标巴西东北部新能源送出 ±800 千伏特高压直流输电项目特许经营权，实现境外重大项目投资建设运营和技术装备标准"走出去"重大突破，服务构建国内国际双循环新发展格局，支持巴西能源电力清洁低碳转型，打造金砖国家绿色合作新典范，高质量服务共建"一带一路"。**中国三峡集团**通过绿地投资和股权并购等形式，广泛参与海外清洁能源合作，形成了以水资源富集的南美等国家地区为重点区域市场的国际业务布局，建成投产了一批优质清洁能源项目，储备了一批优质清洁能源项目资源。**中广核**依托巴西等新开发项目，成功将中国新能源产业链带入巴西新能源市场，助力了国内产业链的技术输出。

二、电力进出口通道与交易电量

中国分别与俄罗斯、蒙古国、越南、缅甸及老挝等国实现了跨国输电线路互联和电量交易。截至 2023 年年底，在大湄公河次区域，缅甸电厂以 1 回 500 千伏、2 回 220 千伏和 4 回 110 千伏线路向中国供电；中国以 3 回 220 千伏、4 回 110 千伏线路向越南供电，以 1 回 115 千伏线路向老挝供电。中国东北电网与俄罗斯远东电网建成了 1 回 500 千伏、2 回 220 千伏和 1 回 110 千伏输电线路；中国新疆通过 35 千伏、内蒙古通过 220 千伏和 110 千伏输电线路与蒙古国实现一定规模的电力交易。中国与俄罗斯、蒙古国、越南及缅甸等周边国家跨国电力交易初步实现。

中国与邻国的合计完成电量交换 80 亿千瓦·时，比上年下降 14.9%。其中，购入电量 42 亿千瓦·时，同比下降 35.8%；送出电量 38 亿千瓦·时，同比增长 32.2%。

三、国际化经营方式

在百年未有之大变局的加速演变背景下，中国电力企业海外发展面临着更多的压力和不确定性。面对愈加难以预料的国际形势，中国电力企业不断提高国际化经营管理能力，建立高素质国际人才队伍，优化全球范围资源配置，提升企业在全球电力发展中的话语权和影响力。继续坚持以共建"一带一路"为引领，以基础设施等重大项目建设和产能合作为重点，加快培育参与和引领国际经济合作竞争的新优势，更好地服务全国大局助推高质量发展。

国家电网以习近平新时代中国特色社会主义思想为指导，深入贯彻落实党的二十大精神和习近平总书记关于"一带一路"建设重要指示精神，坚持以高标准、可持续、惠民生为目标，以高质量共建"一带一路"为核心，以公司战略目标为指引，坚持"稳中求进"总基调，充分发挥公司综合优势，积极推进投资建设运营带动技术装备标准"走出去"，开展市场化、长期化、本土化经营，突出服务大局、突出效益贡献、突出风险防控、突出规范运营，打造"一带一路"建设央企标杆（四突出一标杆）。2023 年，公司高质量完成"十四五"国际业务规划中期评估和滚动修编，编制印发《2023 年国际合作工作要点》，服务公司战略落地。

南方电网坚持以习近平新时代中国特色社会主义思想为指引，全面贯彻落实党的二十大精神和中央决策部署，积极参与共建"一带一路"高质量发展，推进高水平对外开放，全面深化澜湄和粤港澳电力合作，深度参与国际能源电力合作。以公司战略为引领，服务"5＋2＋N"发展布局，落实习近平总书记"2·26"批示精神，以国际业务拓展和国际交流合作服务公司"九个强企"和"三商"转型，提升核心竞争力，增强核心功能，发挥好科技创新、产业控制和安全支撑"三个作用"，以国际化发展助力创建世界一流企业。

中国华能在国际化发展上要求坚定不移地贯彻落实国际化发展战略，以服从党和国家外交大局、服务"一带一路"建设为引领，以加快能源转型绿色发展、推进国际能源合作为方向，明确发展目标，打造国际市场核心竞争力，加快建设世界一流现代化清洁能源企业。

大唐集团围绕发展战略优化整体布局，强化战略规划的指导性、严肃性，继续深耕东南亚，巩固基本盘；开拓中东、中亚和中东欧以及非洲、美洲地区，获取新资源；面向"一带一路"共建国家，做强做优做大。

中国华电国际化经营始终坚持"风险可控、能力可及、效益可观"原则及"稳中求进"工作总基调，在境外投资过程中采用投建营一体化管理模式，充分带动工程承包、技术服务、国际贸易各板块整体出海。围绕国际业务发展规划目标，加快境外绿色低碳转型，继续为高质量共建"一带一路"贡献力量。

国家能源集团按照国际业务相对集中并兼顾集团国际化现状差异化发展思路，构建"大协同＋专业化"的国际化发展体系，重视双边关系对大型和标志性能源合作项目的促进和带动作用，加强与国家发展改革委、商务部、国合署、能源局等主管部门对接，积极融入相关双边合作，注重对俄、对欧、对东盟等重要双边合作进展，主动谋划重大项目和项目群。

国家电投通过国际业务"五大体系"建设，做优做强海外市场开发体系，持续优化完善境外投资管理体系，着力提升跨国经营管理体系，全力打造新型国际合作体系，不断深化全面风险管控体系，力争在"十四五"期间，境外在运装机和资产规模显著扩大，国际业务营业收入和利润指标达到国内同类企业先进水平，在重点国家的市场占有率和影响力持续提升，2035 年步入世界一流跨国企业行列。

中国三峡集团主动融入以国内大循环为主体、国内国际双循环相互促进的新发展格局，顺应全球政治经济发展新形势新变化，服务和带动国内清洁能源产能、技术和标准全方位"走出去"，将国际领先的技术、经验、装备等资源"引进来"，加快形成参与国际合作与竞争的新优势，加快打造"一带一路"国际清洁能源走廊。

中国电建深入学习贯彻落实习近平总书记在"一带一路"高峰论坛上主旨演讲精神，推动共建"一带一路"标志性工程和"小而美"民生项目落地。坚持共商共建共享、开放绿色廉洁、高标准惠民生可持续的重要指导原则，秉承和平合作、开放包容、互学互鉴、互利共赢的丝路精神，聚焦高质量共建"一带一路"八项行动，加大在共建国家市场资源投入力度，积极合作开发更多"大而优"标志性工程和"小而美"民生项目。

中国能建始终牢记初心使命，坚定不移践行共建"一带一路"国家倡议，科学制定国际业务"十四五"发展规划，研究提出"走出去—走进去—融进去"三步走战略，颁布实施《国际业务优先优质协同发展指导意见》、深入推进《国别市场（机构）布局优化方案》落实，精准前瞻、系统全面的战略体系清晰擘画了国际业务未来发展的宏大蓝图。

中广核已形成"一横两纵"全球发展布局，其中"一横"即以马来西亚为立足点，"横"向孟加拉国、巴基斯坦、阿联酋等"一带一路"共建国家延伸；"两纵"分别是以法国和巴西为立足点，"纵"向分别向欧洲、非洲、南北美洲逐步拓展。同时，中广核积极融入高水平对外开放格局，近年来与老挝等"一带一路"共建国家和地区有关企业签署了一批清洁能源项目合作协议，与更多伙伴携手开展全球能源治理。

第三节　绿色低碳电力合作

近年来，中国对外投资合作绿色低碳转型取得积极进展。当前，绿色低碳转型已成为经济社会发展的大趋势，中国电力企业积极拓展电池储能、风电、光伏发电等可再生能源方面的商业合作，绿色低碳经济已成为中国电力企业走出去的重要领域。中国华电、国家电投、中国三峡集团等国有电力企业通过并购投资、新建投资等方式参与境外可再生能源项目。从项目数量上看，2023 年中国主要电力企业对外投资的新能源项目数量（21 个）较 2022 年（14个）增长了 50%，较 2021 年（17 个）增长了 23.5%。

专栏 5-4

2023 年中国电力企业部分境外可再生能源合作项目

大唐集团乌兹别克斯坦布卡 30 万千瓦光伏发电项目

该项目位于乌兹别克斯坦首都塔什干州西南部布卡（Buka）区，距离首都塔什干城区 70 千米，项目总装机 30 万千瓦，预计总投资约 2 亿美元，以 BOOT 模式开发，计划于 2024 年 6 月开工，12 月投产。

中国华电越南得乐风电项目

该项目位于越南得乐省邦美蜀市北部约 40 千米，装机容量 20 万千瓦，是中国华电境外首个绿地新能源项目。2023 年年底已实现 70 台机组投产（全部为 73 台）。

国家能源集团印尼卡朗卡德斯 10 万千瓦漂浮式光伏发电项目

该项目位于印尼东爪哇省玛琅市卡朗卡德斯大坝，项目规模交流侧建设容量 10 万千瓦，配套建设 1 座 150 千伏变电站和双回 150 千伏送出线路，项目采用 BOO 模式，运营期 25 年。计划于 2025 年投产运营。

国家电投孟加拉国科巴风电项目

该项目位于孟加拉国东南部城市科克斯巴扎尔（Cox's Bazar），由国家电投五凌电力投资开发，2021 年 9 月开工建设，装机容量 6.6 万千瓦，共安装 22 台风机。项目投产后，年发电量约 1.45 亿千瓦·时。

中国三峡集团巴西帕尔梅拉风电项目

该项目位于巴西东北部帕拉伊巴州皮库伊（Picuí）市、新帕尔梅拉（NovaPalmeira）市及佩德拉拉夫拉达（Pedra Lavrada）市交界处，项目总装机 64.8 万千瓦，拟安装 108 台单机容量 6 兆瓦的发电机组，并在风电场配套建设一座 500 千伏升压变电站接入电网。2023 年 11 月，巴西新帕尔梅拉风电项目开工建设，目前该项目进展顺利，预计 2025 年投产发电。

中广核老挝北部清洁能源基地项目

该项目位于老挝乌多姆赛、丰沙里及琅南塔三省，规划建设风电、光伏发电等多种清洁能源，一次规划、分期实施，项目一期工程位于乌多姆赛省，规划建设 100 万千瓦光伏发电项目，投产后预计年发电量 17 亿千瓦·时，所产生电力主要通过中老 500 千伏输电线路送往中国，缓解中国南方区域缺电问题，并根据需要向老挝供电。2023 年 12 月 20 日，一期项目正式进入工程准备阶段。该项目将老挝丰富的自然资源和国内广阔的电力需求有机结合，打造中国与周边国家首个互联互通、首个电力回送的大型清洁能源基地，不仅有助于老挝资源开发和产业升级，也有力缓解中国南方区域电力保供压力。

中国电建巴西玛瑞蒂光伏项目

该项目位于巴西北部的塞阿拉省玛瑞蒂（Mauriti）市西北 2 千米，装机容量为 42.5 万千瓦（直流侧），另含新建一座 230 千伏升压站和 14 千米 230 千伏线路。项目建成后将显著促进当地能源结构转型，助力实现巴西能源绿色可持续发展。

截至 2023 年 11 月 6 日，该项目已累计发运离港光伏组件 21.7 万千瓦，其他支架、接地材料、逆变器货物也在按计划紧密衔接，确保项目顺利进行。离岸物资累计发运量为 33777 立方、12237 吨，约占 725 个集装箱。

中国能建沙特阿尔舒巴赫光伏电站项目

该项目装机容量为 260 万千瓦，为沙特"2030 愿景"新能源计划的重要组成部分，是目前中东北非地区最大的在建光伏电站。项目建设过程中将为当地提供 3000 个就业岗位，建成后预计 35 年总发电量约 2822 亿千瓦·时，折算二氧化碳减排量近 2.45 亿吨，相当于在沙特沙漠中种下 5.45 亿棵树。该项目也是中国光伏装备"走出去"、打造全球光伏市场"中国名片"的重要成果。

京能集团沃拉光伏项目

该项目位于澳大利亚新南威尔士州中西部的沃拉地区，距离悉尼市西北方约 330 千米。项目设计并网容量 30 万千瓦，直流侧容量 34.6 万千瓦。目前，项目配套升压站及输电线路工程已完成竣工验收，具备通电条件，项目工程量完成约为 50%。项目投产后可为 7 万户居民提供清洁能源电力，每年减排超过 45 万吨的温室气体，助力澳大利亚实现 2050 年净零排放目标。在当地就业方面，项目建设期为当地社区提供约 300 个就业岗位，有效缓解了当地的就业问题。

东方电气泰国乌汶叻（Ubolratana）水面漂浮光伏电站总承包项目

该项目光伏发电装机容量 3.12 万千瓦，合同金额约 1600 万美元。项目地光照资源丰富，电站投运后年发电量预计可达 46000 兆瓦·时，可满足 18000 户家庭的年用电量，每年可帮助减少二氧化碳排放 41400 吨。电站周边已配套建成 22/132 千伏升压站及 132 千伏输电线路，电力送出情况良好，电站建成后可明显改善当地用电短缺的现状，是集"小而美""新能源＋""惠民"各优点于一体的优秀项目。

第四节　境外项目风险防控

一、背景情况

近年来，中央企业境外投资步伐明显加快，规模显著扩大、效益显著提升，为带动相关产品、技术、服务"走出去"，促进国内经济转型升级，深化与相关国家互利合作，推进共建"一带一路"发挥了重要作用。2023 年，全球经济一体化日益加剧、市场竞争日益激烈，企业开展境外投资既存在较好机遇，也面临诸多风险和挑战。全面风险管理体系建设是中国电力企业稳健经营、持续发展的重要保障。

国务院国资委、国家发展改革委、国家统计局、国家税务总局、商务部等政府部门陆续出台加强境外投资管理的相关制度，为中国电力企业对境外投资提供宏观指导，规范境外投资方向，推动境外投资持续合理有序健康发展，有效防范各类风险。近年来政府部门发布的部分政策性文件见表 5-1。

表 5-1　　　　　　　　　　近年来政府部门发布的部分政策性文件

政策文件	发文机构
《中央企业境外投资监督管理办法》	国务院国资委
《企业境外经营合规管理指引》	国家发展改革委
《关于进一步引导和规范境外投资方向的指导意见》	国家发展改革委
《境外投资敏感行业目录（2018 年版）》	国家发展改革委
《年度对外直接投资统计公报》（中英文）	商务部、国家统计局、国家外汇管理局
《"一带一路"国家外汇管理政策概览》	国家外汇管理局
《国别（地区）投资税收指南》	国家税务总局
《"走出去"税收指引》	国家税务总局
《对外投资合作国别（地区）指南》	商务部
《中国对外投资合作发展报告》	商务部
《国别贸易投资环境报告》	商务部

政策文件	发文机构
《中国对外投资合作发展报告》	商务部
《对外投资合作"双随机一公开"监管工作细则（试行）》	商务部
《国别贸易投资环境报告》	商务部
《境外投资管理办法》	商务部
《出口信用保险相关业务事项审批服务指南》	财政部
《"一带一路"债务可持续性分析框架》	财政部

二、中国电力企业境外项目管控措施

2023 年中国电力企业在开展境外安全管理时，强化全流程管控，全面提升境外安全风险防控能力和水平，深入开展相关法规和政策学习。结合新形势要求，部分企业自行或联合第三方当地法律机构，根据项目开发、前期、设计、施工、运维各阶段需要，针对所在国家开展通用以及电力行业等方面相关法律法规和政策要求的识别和更新，并在境外项目的具体操作文件和措施中予以实际体现；加强境外员工的选拔储备、培训及管理，根据"生命至上、以人为本"的基本安全方针，围绕员工开展境外业务教育和培训，提高员工的国际化素质和综合能力；建立安全风险评估体系，设立合规监督专员，对项目重大事项合规管理实行全过程监督，为相关制度部署落实提供专业指导。2023 年中国主要电力企业落实国家境外风险防范要求，具体工作开展情况如下。

国家电网落实国务院国资委和公司"合规管理提升年"工作要求，开展境外合规风险排查治理，进一步强化国际业务规范管理。完成编制印发公司《风险管理、内部控制与合规管理操作指南（国际合作篇）》，组织修订《法治企业（合作管理）行文指引》（国际业务分册），健全完善公司国际业务风险合规管理体系。统筹开展国际业务板块亏损企业治理、"两金"压控和产权层级压降等专项活动。组织开展公司境外项目风险排查及应对工作，对排查出的中、高风险项目"一项目一策"制定风险应对措施。组织开展公司境外安全风险防范培训。完成并上线公司境外安全保障应急指挥系统，实现与国资委系统的数据联通。修订发布公司《涉外突发事件应急预案》。持续做好境外风险预警和排查。

南方电网建立境外项目风险"分层分级"管理模式，有效建立防范化解重大经营风险，中老铁路外部供电项目稳定运行，未发生因权属设备故障导致的供电中断事件；老挝南塔河项目全年累计回收电费同比增加 22%。定期开展境外项目舆情研究，全年未发生重大境外负面舆情事件。

华能集团进一步健全境外投资管理体系,印发《关于加强境外投资风险管理工作的通知》,制定修订相关制度 19 项;在投建营管理、风险合规、佣金和采购等领域进一步细化、可操作化,落实关于加强境外投资内部控制的实施方案。完善全过程境外投资风险管理机制建设,风险评估预警取得实效,明确风险预警指标,量化预警线和评估标准并推动信息化建设,发现风险苗头的及时处置应对;严格深入论证投前阶段项目风险,动态管控后续重大不利影响;持续推动项目后评价阶段的监督与改进,开展境外投资风险管理机制有效性检验评估、常态化审计,完成境外腐败专项治理、巡视整改推进会指出问题等自查自纠,针对大额资金、人员委派、关键岗位轮岗等领域境外内控执行情况开展有效性检查,有效防控跨境腐败风险。

大唐集团严格落实安全生产主体责任,全面排查治理安全生产隐患,严防安全事故发生。完善突发事件应急预案,并开展安全应急演练巡检。加强境外企业合规建设,规范境外经营行为。完善风险评估预警、监督管理机制,加强数字化信息系统建设,有效提升境外机构、资产、人员安全运营水平。持续开展专项整治工作,加强境外业务监管检查,不折不扣地抓好整改落实,研究建立长效工作机制,防范化解合规经营风险,未发生违反相关规定事件。

华电集团健全完善境外风险防控机制。坚持"危地不往、乱地不去",严控赴高风险国家和地区开展业务,及时编制更新国别分析报告,通过"风控端口前移"防范投资风险。持续提升境外本质安全水平。集团公司组织对境外电厂开展"全覆盖"安全督查,督导加大设备隐患治理力度,安全生产保持稳定局面。扎实做好境外公共安全工作。针对性开展境外项目安全风险评估及应急演练工作,探索开展无剧本实战演练,提升直面风险的处置能力。全面强化境外合规管理。完善境外法律合规风险防范制度体系,加大巡视审计整改工作力度,把依法合规、不逾红线作为国际化经营的前提和底线。

国家能源集团境外风险管控体系完备,能够做到风险辨识和防范并重,风险管控制度覆盖事前、事中、事后全过程,风险管理从最初项目决策直至后评价贯穿始终,嵌入到每个业务流程。境外项目投资必须经国家能源集团投资决策机构审批,并严格按规定履行国家发展改革委、商务部、国资委等部门审批、报备程序和所在国政府相关主管部门审批许可程序。严控境外项目投资类型,不在境外从事非主业投资。严格境外项目风险评估,在项目机会研究阶段全面揭示和评估风险,在立项决策阶段对主要风险提出防范措施,在投资决策阶段确认主要风险可控,在项目交易、建设、运营全过程中做到主要风险在控。在项目提交决策机构审议时,必须附有充分揭示风险和应对措施的专项风险评估报告。执行境外投资定期审计制度和境外投资项目后评价制度,实现境外项目风险闭环管理。

国家电投切实做好走出去风险综合评估,制定完善风险应急预案,实现风险防控关口前移,尽最大可能消灭风险隐患。坚持"危地不往、乱地不去",坚定围绕"一带一路"共建国家开展市场布局。编制跨境腐败专项治理工作 2023 年度实施方案,建立专项工作推进机制,组织开展境外佣金等专项检查，每月跟进各项工作进展，确保按计划推进节点任务。持续强化境外员工安全保障专项工作。印发《境外公共安全管理体系管理手册》及系列程序文件，组织多轮次培训宣贯，初步建立"办法/手册—程序文件—操作文件"构成的境外公共安全管理三级文件体系。

中国三峡集团始终把风险的有效管控放在首位，严格按照"危地不往、乱地不去"要求，审慎选择国别和区域，严控债务、投资、金融风险，严防安全环保风险，牢牢守住不发生重大风险的底线。在国际业务上，逐步形成并不断优化突出重点区域与国别、以点带面的全球市场布局；在投资决策上，引入基于加权平均资本成本（WACC）的评价指标体系，为投资决策提供科学参考依据；在项目尽调上，聘请财务、法律、市场、技术等第三方顾问，全面评估投资项目及所在国家和区域的国别风险、电力市场风险、法律合规风险、财务税务风险以及技术风险等，做到投前心中有数、投后管控有术。按照国资委关于风险管理体系建设的相关要求，围绕不发生系统性风险、颠覆性风险事件核心目标，中国三峡集团现已初步建立起一套较为完善的风险管理体系，形成信息搜集、分析评估、量化分级、监测预警、定期研判、事件处置的全流程风险管理链条。

中广核全面风险管理实行统一领导、分级管理。中广核能源国际董事会统一领导公司的全面风险管理工作，并对各区域公司全面风险管理工作承担监督指导责任。能源国际全面风险管理组织体系包括公司总部和下属公司两个层面。在能源国际总部主要包括董事会（下设审计与风险委员会）、总经理部、资产管理部（归口部门）、其他各部门；各区域公司对本公司内部的全面风险管理工作承担管理责任，并建立风险管理组织体系，负责本公司授权范围内各项业务的风险管理，对于本公司出现的风险预警信息、风险事件及时向本公司董事会及总部风险管理归口部门报送。

中国电建重视合规经营，有效防范各类经营风险。加强风险管理体系建设，做好重点风险防控。务求"算赢算准"，从严投议标管控，坚持高质量获取项目。聚焦"事中干赢"，持续提升 EPC 项目管理能力确保高质量履约。不断强化合规意识，扎实做好保密和网络安全工作。

中国能建持续加强国际业务风险管控，系统推进"1+2+N+X"国际业务风控合规体系建设，打造国际业务"三委会"，建立项目分级分类评审复核机制，重大风险防控更加有力。组织完成境外违规投资经营等专项整治，持续推进巡视、审计问题整改，境外合规管理机制不断完善。全面排查 232 个境外项目（机构）安全风险并整改闭环，妥善处理尼日尔 7.26 政变等突发事件，全年未发生安全生产事故，生产和社会安全可控在控。

内蒙古电力始终保持自治区国务院国资委、商务厅、发展改革委等相关部门的沟通交流，在开展境外项目前期积极主动向相关部门了解政策法规，加强对从事境外项目开发相关岗位的业务人员的专业培训，及时宣贯国家、自治区、集团公司关于境外项目风险管控的法律法规和政策要求，提升风险意识和底线思维。同时，针对项目可能存在的风险制定有效的防控措施，借助专业机构的力量，进一步强化境外项目的风险管理。建立国际市场研究与开发相关工作机制，密切关注国内官方网站和国外权威网站，对外联络国资委、发展改革委、外汇管理局、口岸办、金融机构、行业协会以及战略合作伙伴等，筛选出具有开发潜力的市场与合作伙伴，进行后续的调研、跟踪与接洽工作。将境外能源领域投资作为风险防控的重点，制定《境外能源领域投资合规指引手册》，明确境外能源投资合规风险类型、境外能源投资国内审批合规要求、境外能源投资合规风险指引等内容。针对蒙古国这一重点市场，编制《对蒙古国能源领域投资环境尽职调查报告》《蒙古国合规经营法律调查报告》，做到防患于未然。

哈电集团积极对境外项目涉及国家和地区的政治、经济、法律、文化等方面开展研究，防范化解有关风险。通过整合现有资源，加强与业主和合作伙伴等相关方沟通，确保稳步推进项目开发；完善安保措施，时刻关注项目所在地政策变化，及时获得相关信息并积极采取应对措施；建立风险分类监测和重大风险事件实时跟踪监测体系，确保风险监测机制有效运行；积极探索建立风险量化监测指标体系，进一步提升重大风险评估监测工作的科学性和有效性。同时，加强跟踪项目筛选，以商务部发布的《国别指南》作为指导，依托第三方咨询机构针对制裁、税法等风险制定应对处置措施。

东方电气下属国际合作有限公司2023年度严格实行对规章制度、经济合同、重大决策、党委规范性文件"4个百分百"法律合规审核，有效防范日常经营风险。对项目合同实施"全生命周期"管理，组织公司法务、税务团队参与重大项目前期商业谈判，推进业法融合、有效防范风险发生。妥善处置法律纠纷，抓住关键窗口期实现大部分案件的关闭或结案，有效化解重大风险，充分发挥法治支撑保障作用。

中煤集团根据产业规模和管理模式，借鉴大型跨国能源集团经营经验，整合集团内部资源，组建国际化专业投资平台，明确国际业务开发、合作交流、产业形势研究等职能，梳理确定国际工程施工、装备出口、综合服务等主责单位，建立业务协同开发机制，科学划分集团公司与专业投资公司、产业主责单位的经营权责，合理确定协作形式与合作关系。

特变电工围绕海外业务发展规划，正在逐渐加快"走出去"步伐。面临日趋复杂的国际形势，秉承坚持"预防为主，防控结合"的经营理念，坚持依法经营，合规发展，牢固树立大局意识、风险意识、责任意识，完善法律风险防范机制，加强风险评估、分析、预警，完善风险预案，强化全过程防控，形成工作闭环，推动国际业务稳健发展。

京能集团加强风险意识，有效识别投资过程中存在的风险，在投资前对项目风险进行科学评价，做出正确判断。通过聘请国际和目标市场专业咨询顾问，对目标市场进行专业分析；强化并重视合规管理，在开展项目投资、资产运行管理过程中，均聘请当地资深的法律、会计人员及业主工程师等作为顾问，确保投资、建设、运营流程及规范标准符合当地的法律法规，规避潜在且巨大的合规风险。公司内部组织架构上，均以聘用的当地专业人员为骨干力量，他们一是熟知当地的政策法规，二是与当地的管理职能部门沟通更为准确高效。在重大事项的决策上，均依附法律及专业团队的意见作为依据，降低决策风险。

深圳能源积极践行"一带一路"倡议并落实政府有关工作部署，大力开发海外市场，探索出了与中资企业"联合出海"、利益共享、风险共担的项目合作机制，并在项目开发所在地寻求强有力的当地合作方，为项目的落地执行增加保障。建立健全境外资产风险防控机制，完善合规风控相关体系和标准建设，构建风险防控三道风防线。

国投电力在风险防控方面，加强市场跟踪和研判，在开展的相关项目中综合利用 PPA 等手段，减少项目的市场风险暴露。针对政策风险，通过在当地的控股投资平台和合作伙伴，加强与政府的沟通，争取项目的长期利益不受太大影响。

三、涉外重点领域合规管理

中国电力企业对东道国相关业务领域法律规定进行全面梳理，针对境外工程建设、境外投资并购、进出口管制、境外数据传输、境外反腐败等重点领域制定专项业务指引，切实防范合规风险。部分中国电力企业涉外重点领域合规管理做法见表 5-2。

表 5-2　　　　　　　　　部分中国电力企业涉外重点领域合规管理做法

单位名称	涉外重点领域合规管理做法
国家电网	围绕出口管制、海外反腐、境外项目承揽等重点领域，组织各涉外业务单位开展法律合规风险排查，全面落实合规风险防控措施。就美国"钓鱼执法"《美涉华投资限制方案》、外国国家豁免法等重点领域的问题进行专项分析，研判对公司影响，及时提出应对建议
中国华能	下发《加强涉外法治工作促进依法合规经营指导意见》《境外投资经营专项合规指引》，不断完善涉外法治体系。织密管控网络，将涉外法治管控纳入内控合规风险管理体系。跟踪重点项目，对澳洲 Callide 电厂重组项目开展专项合规审查，提示补正不足，实现定向跟踪、销号管理
中国华电	制定《涉外法律合规管理办法》《出口管制和经济制裁合规管理指引》《反垄断（垄断协议、滥用市场支配地位）合规管理指引》，编制《涉外法治重点工作任务清单》，完善涉外法律合规风险清单，落实定期排查、台账管理、动态管控机制，推动涉外法治工作体系化、规范化。修订《内控合规风险管理办法》《境外合规手册》，制定《涉外业务内控合规风险管理示范手册》，内控合规风险一体化管理规范体系更加健全
国家能源集团	深入研究集团境外项目所在国（地区）法律法规及相关国际规则，系统梳理境外法律合规监管要求，制定了《国家能源集团海外反腐败反商业贿赂合规指引》《国家能源集团涉外业务商业伙伴合规指引》持续做好风险防范应对；出台"关于强化涉外法律合规风险防控的指导意见"，明确风险防控要点职责分工和具体举措，为涉外单位（业务）提供有益指导。组织涉外单位定期排查境外法律合规风险，扎实开展年度境外法律合规风险排查处置与境外投资并购风险防控工作情况调查，实施清单式管理，挂图督战

单位名称	涉外重点领域合规管理做法
国家电投	根据国资委最新要求和集团公司业务实际，升版《涉外法治工作方案》，发布《境外投资风险管理指南》《境外工程建设项目风险管理指南》及《并购风险管理指南》。推广建立境外投资合规风险、流程管控和岗位合规职责"三张清单"。结合业务实际编制集团公司《进出口管制合规指引》《反商业贿赂合规指引》
中国三峡集团	组织编制巴基斯坦、巴西、秘鲁、西班牙等 4 个国别法律合规风险防范指引及合规风险防范清单，进一步厘清境外业务合规边界。强化境外合规组织体系建设，向境外重点国别派出首席合规官，建立"各负其责、双线汇报、上级指导监督、上下协同联动"的境外首席合规官工作机制。坚持"合规融于业务、全员主动合规、合规创造价值"经营理念，全力推进境外合规文化建设，实现合规承诺境外全覆盖。主动开展国际合规管理标准对标，三峡国际、长电国际等单位获得国际 ISO37301 合规管理、ISO37001 反贿赂管理国际等标准认证
中核集团	印发中核集团加强涉外法治工作的指导意见，首次召开集团公司涉外法治工作会议，对加强涉外法治工作进行全面部署与动员。组织完成涉外合同准据法、涉外合同生效条款、核责任条款、进出口责任分配条款、知识产权条款、不可抗力条款、争议解决条款等通用条款课题研究，为涉外重大项目提供重要法律参考。编制对外合作12 个重点国家（地区）风险防控指引，形成境外人员人身财产安全与保密廉洁风险防范指引，筑牢国际化经营法治屏障。集团总法律顾问及各级法治工作人员深度参与阿根廷核电项目、巴基斯坦核电项目、130 项目、中法大厂项目等重大涉外项目，为相关领域合作推进与落实奠定坚实基础
中广核	系统研究不同法域国家（地区）数据跨境传输监管规则，组织涉外企业发布专项合规指引，指导涉外企业开展数据跨境传输工作。深入研究哈萨克斯坦《民法典》《国家财产法》等法律法规，结合对哈萨克斯坦矿业投资经验，形成哈萨克斯坦矿业投资合规专项指引，切实防范投资风险。密切关注核出口管制相关法律法规与政策变化，编制专项分析报告并提前制定风险应对预案
中国能建	聚焦海外投资、保函、制裁处罚等事件，稳妥推进事件处置和整改，专项推进境外投资并购风险管控，强化重点领域海外合规风险管控。首席合规官带队赴阿联酋、乌兹别克斯坦等国开展合规巡检，深入调研国别法律环境，为属地化合规经营筑牢基础；持续向安哥拉、巴基斯坦、孟加拉国、秘鲁等国派驻法务合规人员，助力重点项目纾难解困，提高管理质效，力争境外项目公司专职法务人员实现全覆盖
浙江能源	梳理《境外业务合规义务清单》，发布《境外业务合规管理细则》及境外投资等合规指引。赴新加坡、巴西等 15 家子企业开展合规检查调研，将合规管理拓展至海外

第六章

中国电力企业海外践行责任担当

第一节 总 体 情 况

随着全球化的发展，全球资本市场对企业在海外经营中承担践行责任担当的关注持续升温。与此同时，随着国内企业"走出去"步伐日益加速，海外投资面临的风险更趋多元和复杂，各国政府、政府组织和消费者对企业在环境保护、劳工权益、人权保护等方面的行为提出了更高的期望。中国电力企业作为全球化经济的重要参与者，以责任和担当诠释合作共赢发展理念，积极实施 ESG 战略，树立负责任的中国企业形象，为东道国的社会经济发展作出了积极贡献。**在环境保护方面**，中国电力企业正努力采用更加清洁的生产技术，减少污染物排放，推动绿色能源的使用，并参与当地的环境保护项目，如植树造林和生态修复。**在社会责任方面**，中国电力企业投身于当地社区的公益活动，如教育、医疗和基础设施建设，通过捐资建校、提供医疗服务及改善交通条件等措施，提升了当地居民的生活质量。**在治理结构方面**，中国电力企业逐步采纳国际标准和最佳实践，强化公司治理，提高透明度，确保合规经营，这不仅有助于企业自身的长远发展，也为东道国树立了良好的治理典范。

2023 年，中国主要电力企业境外投资及工程承包项目分别为东道国直接创造就业岗位 6.06 万和 3.05 万个，在海外开展捐赠、捐助等事项约 96 项，涉及亚洲、美洲、非洲、大洋洲的 8 个国家和地区。中国主要电力企业获得东道国和有关国际组织的嘉奖约 44 项。

专栏 6-1

2023 年中国电力企业海外项目获得的部分嘉奖情况

1. 国家电网。 国家电网所属中电装备公司连续 8 年进入美国 ENR"全球最大 250 家国际承包商"榜单，2023 年国际签约额居榜单第 94 位（在 81 家上榜中国企业中排名第 25 位），是榜单中唯一的输变电工程承包商。

国家电网巴西控股公司健康减贫案例及巴西苦咸水淡化公益项目入选联合国第四届"全球减贫案例征集活动"最佳案例。

巴西美丽山特高压输电二期项目入选中央广播电视总台《"一带一路"ESG行动报告》。

巴基斯坦默拉项目荣获巴基斯坦政府"中巴经济走廊突出贡献奖"。

2. 中国华能。在中巴经济走廊启动十周年之际，中国华能萨希瓦尔电站获巴基斯坦政府颁发的走廊共同繁荣突出贡献奖、2023年度环境卓越奖。

3. 中国大唐。2023年11月，中国大唐获评2023年"责任犇牛奖"之"海外履责奖"，已连续3年获得此项荣誉。

4. 中国华电。西港项目与柬埔寨中资华电公司圆满完成第32届东南亚运动会、柬埔寨大选等重要节点保供任务，被柬埔寨国家电力公司授予"社会责任突出贡献奖"。

5. 国家能源集团。国家能源集团印尼爪哇公司策划实施红树林及野生动植物自然生态保护工程，规划红树林生态保护区，补植红树林优势树种近12000棵，保护生物多样性，获得亚洲电力2022年度"印尼环境和社会治理计划（ESG）"奖。

6. 国家电投。土耳其胡努特鲁电厂项目是中土两国建交以来中企在土耳其金额最大直接投资项目，在2023年2月6日土耳其7.8级大地震中，经受住了考验，两台机组持续稳定运行，保证了地震灾区居民的电力供应，为当地政府实施灾后重建提供了坚实基础，土耳其能源与自然资源部副部长阿卜杜拉·汤嘉专程致电表示感谢。

2023年8月，国家电投所属中电胡布发电有限公司在巴基斯坦总理府举行的"共同繁荣的贡献者"表彰仪式上获得"中巴经济走廊杰出贡献奖"。

2023年11月，国家电投所属澳大利亚太平洋水电非执行董事罗杰·吉尔"莫索尼水电杰出成就奖"。

7. 中国三峡集团。在巴西，联合当地知名非营利组织共同发起创收创业试点项目和可持续旅游业创新挑战项目，帮助当地农民和小微企业家脱贫脱困，创新经济模式，赋能可持续发展，该项目入选第三届全球最佳减贫案例，以及2023年"金钥匙——面向SDG的中国行动"荣誉奖。

三峡国际被新能源海外发展联盟授予"ESG类中国新能源国际发展先锋单位"称号。所辖巴基斯坦卡洛特项目荣登"中国企业ESG优秀案例榜单50强"。

8. 中国电建。2023年，中国电建位列美国ENR"全球工程设计企业150强"第一（连续四年第一）、全球工程承包商250强中第6、国际工程承包商250强中位列第8（中资企业第三）。在美国ENR区域排名中，中国电建是连续7年进入亚太、中东和非洲区域前十的中资企业。

在世界自然基金会主办的"2023 零碳使命国际气候峰会"之"2023 绿色发展年度致敬"评选典礼上，电建国际公司荣登"共建'一带一路'ESG 卓越 TOP10"榜单。

9. 中国能建。2023 年，在美国 ENR 公布的"全球最大 250 家国际承包商"中排名 17 位，在"国际工程设计公司 225 强"中排名第 20 位。

中国电力企业积极借助发布海外可持续发展报告，展示中国电力企业在境外投资运营中履行社会责任担当、服务当地社会发展的实践和成效。

2023 年，三峡国际建立了治理＋管理双委员会模式，制订 ESG 专员机制，参照香港联交所 ESG 报告指引、全球报告倡议组织（GRI）标准和联合国可持续发展目标，编制公司首份 ESG 英文报告，详细披露公司 ESG 重要性议题及其管理情况，按照国际标准披露碳盘查和碳核查数据。同时，三峡国际指导所辖欧洲公司、亚非公司，编制发布所在境外区域公司 ESG 报告。三峡巴西公司自 2018 年起，每年对外发布企业可持续发展报告，2023 年发布年度可持续发展报告。查格亚水电站先后已颁布环境管理政策，建立环境督察委员会，积极履行环评报告义务。

2023 年，中广核在法国巴黎召开海外可持续发展报告发布会，以中英法三语向全球披露企业落实可持续发展理念、履行社会责任和保护生态环境的整体情况。

第二节 成 功 实 践

一、品质工程建设

近年来，中国电力企业全力践行"一带一路"倡议，以品质工程和责任行动，实现与东道国合作伙伴合作共赢，为当地经济社会发展提供安全、稳定、可靠的电力保障。

国家电网成功独立中标巴西东北部新能源送出特高压直流输电项目，取得特高压"走出去"的新突破，巴西东北特高压直流项目是巴西历史上投资规模最大、年度监管收入（RAP）最高的输电特许权项目，将巴西东北部和北部的风电、太阳能和水电等清洁能源打包汇集输送，可满足巴西首都巴西利亚等核心地区约 1200 万人口用电需求。组织巴控公司参加巴西 2023 年 1 号输电特许权项目竞标，巴西、智利有关绿地输电项目顺利建成投运，菲律宾棉兰老—维萨亚直流联网项目（MVIP）成功送电。

中国大唐老挝北本水电项目是国际河流干流项目，是首个国际湄委会审查通过项目、首个执行湄委会联合开发计划项目（JAP），是湄公河流域水电开发的名片。2021 年 11 月，老挝北本水电项目被列为中老命运共同体中老经济走廊第三轮重点开发项目，该项目入围《2020—2035 泰国电力规划》，成为首批中资企业参与泰国电力贸易的电力项目，是老泰两国电力贸易协定的支点项目。

国家电投哈萨克斯坦阿克莫拉州风电比原计划提前 3 个月实现全容量并网，孟加拉国首个集中式风电项目—科巴风电并网发电，收购墨西哥 Kinich 216 兆瓦光伏项目，塞尔维亚黑峰风电项目已实现交割。菲律宾 500 千伏变电站项目实体工程已并网投运并成为菲律宾首都马尼拉东部电力输送的枢纽变电站。孟加拉国科巴项目全容量投产后每年将提供超过 1.45 亿千瓦·时绿色电力，可减少煤炭消耗 4.46 万吨、二氧化碳排放量 10.92 万吨，满足 10 万家庭用电需求。成功打造缅甸首个无电村光伏示范项目，终结了克钦邦其培县耶觉村的无电历史，生动体现了中缅一家亲的"胞波"情谊。

中国三峡集团通过绿地投资和股权并购等形式，广泛参与海外清洁能源合作，2023 年 6 月，巴西 Arinos 项目光伏场区开工建设，预计 2024 年投产，项目全部投产后，预计平均每年可为电网提供清洁电能 8.55 亿千瓦·时，满足 24 万巴西家庭用电需求，符合可持续发展要求，有利于促进当地经济的发展。

二、属地化经营举措

在国际市场环境、技术环境、商务环境日益复杂化的背景下，属地化经营和管理成为企业海外经营成功的关键因素。中国电力企业通过属地化经营深耕境外优势区域和属地市场，巩固传统业务优势，延伸产业链，提升国际化发展水平，从管理供应链属地化、管理人员属地化、文化建设属地化等方面，最大限度地配置属地化可用资源，深度融入属地产业链与价值链，秉持互利共赢理念，为自身可持续发展争取保障。

在供应链属地化方面。**中国华能**与德国西门子公司、美国 GE 公司、韩国 SK 集团、芬兰维萨拉、法国欧安诺、菲律宾马尼拉电力公司等国际知名能源公司建立了常态化战略合作关系。**中国三峡集团**在拓展海外业务过程中，深入贯彻绿色、卓越、共建、共享的发展理念，与中拉基金、金风科技等国内外知名机构及业界同行开展广泛深入的交流合作，致力于全球绿色能源投资开发。**中国能建**持续完善第三方市场合作机制，升级合作政策、筑牢平台支撑、优化沟通机制，在多领域与知名国际设计咨询公司、电力能源投资公司、设备材料供应商强化合作。与沙特 ACWA 合作的沙特阿尔舒巴赫光伏项目已顺利开工、乌兹别克斯坦巴什和赞克尔迪风电项目进入履约高峰期并超额完成进度计划。

在人员管理属地化方面。**中国华能**通过培养倚重当地人才、开设技能培训班、与当地大学共建等形式，既优化了电站人力资源结构，又解决了当地电力人才短缺的难题。华能萨希瓦尔电站招聘近 200 名巴籍员工到中国参加专业培训，实现了集控运行、外围辅助岗位全巴籍员工值班，为巴基斯坦国家电网、电监会、中央购电局等输送了近二十名高级管理人员，为巴基斯坦培养了一支具有国际化视野、熟悉煤电管理的高技术人才队伍。**国家电投**在孟加拉国科巴项目施工高峰期为孟加拉国当地提供了 1500 余个就业岗位。项目公司共招聘 16 名本地员工负责风场运维及后勤，培养了孟加拉国第一批风电产业人才，其中推荐 2 名优秀孟籍员工成功申报了华北电力大学属地化人员硕士学历教育项目。**中国能建**巴基斯坦达苏水电站项目建设期间与 100 多家当地供应商合作，为当地提供约 8000 个直接就业岗位和 25000个间接就业岗位，促进当地基础设施建设行业发展和人才培养。

在文化建设属地化方面。**南方电网**持续推进对外技术交流和培训项目，做好澜湄国家来华留学生培养工作，与高校联合培养澜湄国家来华留学生，先后为澜湄区域培养出数百名熟悉先进技术及管理理念的国际电力专业技术人才，成为增进友好关系、促进民心相通的桥梁纽带。**中国大唐**在 2023 年"六一"国际儿童节和老挝国家植树节来临之际，安排北本萨拉康公司"启明星课堂"的讲师们走进了万象市西科达邦县占芭村小学，为五年级学生上了一堂"照亮世界，点亮梦想"的启迪之课。**国家能源集团**国华投资欧洲公司与希腊科莫蒂尼第十一小学联合举办"新能源进校园"活动，通过实操式授课、互动式交流，激发了希腊青少年对清洁能源的兴趣，增进了他们对中国能源企业的了解。

三、绿色发展理念与实践

2023 年，中国电力企业在海外建设运营过程中坚持走绿色、低碳、可持续发展道路，分享中国绿色发展经验，助力全球环境保护，与东道国携手共建美丽地球家园。

中国华电柬埔寨额勒赛下游水电站项目在建设过程中专门引栽 4 万余米^{2}草皮、4000 多株树木，是柬埔寨唯一成功注册联合国清洁发展机制项目并实现温室气体减排量交易的电站，累计完成碳交易量 432.51 万吨。越南得乐风电项目并网发电，每年可为当地提供约 6.12 亿千瓦·时绿色电力，减少二氧化碳排放约 50 万吨，节约用煤约 19 万吨。印尼巴厘岛项目努力为海洋生态环境保护工作献计出力，联合印尼环保机构共同成立珊瑚研究及恢复中心，持续投放珊瑚幼苗，培育天然礁盘。

国家能源集团秉持人类命运共同体理念，始终坚持将生态环境保护放在首位，以气候治理积极参与者、积极贡献者、积极引领者"三位一体"的角色，面向国际传播我国生态文明思想。印尼爪哇公司策划实施红树林及野生动植物自然生态保护工程，规划红树林生态保护区，补植红树林优势树种近 12000 棵，保护生物多样性，入选亚洲电力"2022 年度印尼环境和社会治理计划（ESG）"。

四、公益项目

2023 年，中国电力企业在"走出去"过程中，愈发重视公益事业，积极参与和开展公益慈善活动，真心实意地与对方构建"人类命运共同体"，开展形式多样的公益项目，包括民生援助、促进教育水平、助推医疗卫生事业发展，加强人文交流与文化合作等。有效促进与项目所在国家民心相通、国家和地区文明互鉴，增进互信，团结协作的国际新秩序的形成，共同实现绿色可持续发展。

国家电网巴西苦咸水淡化公益项目于 2023 年建成投产。该项目为巴西北大河州若昂卡马拉市 3 个土著社区建设一套智能一体电气化供水系统和光伏并网发电系统，采用先进成熟的膜法反渗透技术净化当地苦涩的地下水，日均生产出超过 75 吨符合世界卫生标准的纯净饮用水，通过 5 千米输水管道送至沿线 800 多个原住民家庭共计 3000 余人手中，极大地缓解当地居民长期以来的生活用水紧张难题。

南方电网下属云南国际公司于 2023 年 9 月 13 日发起 2023 年"希望之光"老挝公益行第四场活动，活动在西维莱小学举办，旨在推动老挝公益事业发展、促进中老文化交流。云南国际公司为该小学增补教学用品和防暑降温设备，帮助该小学修缮屋顶，并购买 90 套崭新的学生桌椅。

大唐集团印尼大唐金光公司积极投身社会公益，与周边社区联合参加海岸清洁（CCU）环保公益活动；肯达里公司共种植红树 3 万株，超额完成政府要求的 1 万株计划；深入推进"珊瑚礁修复项目"，完成珊瑚移植 1400 株，推进海洋生态治理现代化。老挝北本水电公司积极投入抢险救灾、帮扶贫困、社区服务等公益事业，在优化项目设计、助力老挝绿色发展、拓宽移民就业、协助当地政府促进移民发展等工作上投入更多资源。印尼米拉务公司积极主动参与项目周边森林火灾救援，在开斋节、宰牲节等重要节日，向印尼贫困家庭捐赠生活用品，组织开展印尼员工招聘工作，有效促进当地居民就业。

国家能源集团积极履行社会责任，在当地环境保护、教育医疗、社区发展、平等就业等方面做出中国表率。龙源南非公司设立专门的社区基金，实施精准帮扶，助力当地社区发展，为当地万名妇女、儿童、老人提供免费医疗服务；开展"助学·筑梦·铸人"教育行动，促进当地经济、教育的发展。

中国三峡集团热心参与公益事业，助力当地社区发展。截至 2023 年，三峡国际累计在境外实施公益项目百余个，投入公益捐赠资金超 9000 万元。在德国，与德国残疾青少年促进会及不来梅哈芬孤独症医疗中心合作，通过捐赠方式为残疾儿童和孤独症人群送去关爱。2023年，湖北能源瓦亚加公司支持或资助社区体育运动、传统节日庆祝、医疗救助、教育扶持、基础设施建设等公益事业活动近 160 余项，并持续免费为查格亚水电站周边社区居民提供通勤车辆服务和库区水上交通服务。

　　中国电建积极响应全球碳中和号召，牵头组织策划"百企千村——爱点亮世界"光伏捐赠品牌活动。在毛里塔尼亚独立 63 周年纪念日，成功组织光伏捐赠品牌活动，向毛方捐赠户用太阳能供电装置 720 套。在多个国家利用节日等节点广泛开展公益捐赠活动，促进文化相通和属地融合。全年中国电建海外的志愿者在海外开展志愿活动达 100 次，贡献了超过 1.4 万小时志愿服务时间，项目所在国广大群众因此受益。

　　中国能建积极投身社会公益，巴基斯坦分公司向巴基斯坦"阿尤布公园学校"（Master Ayub's Park School）捐赠爱心文具；科特迪瓦必欧雅项目部对附近小学和幼儿园校舍进行修复；在乌兹别克斯坦开展"筑牢生态屏障　共建美好家园"植树活动；慰问纳沃伊市国民警卫队抗战老兵，向当地残疾儿童学校捐赠食品、衣物等生活必需品；在当地社区开展保护动物意识提升及提倡活动；在乌兹国家岩画公园开展环保公益及保护文物活动，树立良好的国际形象。

第七章

中国电力行业国际合作形势分析与展望

第一节 机 遇 与 挑 战

一、面临的机遇

（一）全球能源转型带来的巨大市场

2023 年，全球能源领域经历了一系列意义深远的重大事件，这些事件不仅凸显了能源安全问题的严峻性，也揭示了能源转型的迫切需求，同时强调了国际合作在推动能源可持续发展中的关键作用。

专栏 7-1

2023 年全球能源领域部分重要事件

※ 能源安全与转型

1. 2023 年 1 月 14 日，大西洋理事会全球能源论坛在阿布扎比召开，论坛集中讨论在能源安全优先事项与减少碳化的同时面临的挑战，旨在确定全球能源议程，推动全球能源转型。

2. 2023 年 3 月 28 日，博鳌亚洲论坛 2023 年年会举行世界能源大变局分论坛，与会嘉宾就世界能源变局、如何维护国际能源市场稳定、各国能源结构如何转型等话题展开讨论。与会嘉宾认为，2022 年以来，全球能源供需矛盾突出，国际能源价格波动频繁，市场行情充满不确定性，当前世界正面临严重复杂的能源危机。而此次能源危机也为各国提供了调整能源结构、重新规划能源安全路径的机会。

3. 2023 年 5 月 3—5 日，第 30 届东盟可再生能源专项工作组及系列会议在老挝万象召开，本次会议包括第三届东盟可再生能源长期路线图专项会议、东盟海上风电＋示范项目潜力专题会议、东盟电动车辆战略融入东盟生物燃料路线专项会议等 3 个专题研讨会，会议期间东盟成员国和其他利益攸关方围绕东盟可再生能源发展和区域实现能源低碳转型目标展开讨论。

4. 2023 年 6 月 6—8 日，第八届全球能效大会在法国巴黎召开，会议期间，中国国家发展改革委与国际能源署（IEA）续签了《中华人民共和国国家发展和改革委员会与国际能源署（IEA）关于加强能效合作的谅解备忘录》。各国专家认为应加快在关键产品方面采用全球最佳的能效标准，促进提高高效产品市场份额，支持尚未建立能效标准的国家建立先进的标准和管理制度。同时，已制定能效标准的国家和地区应持续推动能效标准标识协调合作。

5. 2023 年 10 月 20 日，第 24 届亚太电协大会在中国福建厦门召开，中国国家副主席韩正出席开幕式并致辞。韩正提出三点倡议：一是加强互联合作，推动能源转型。要加强能源电力交流合作，共建能源电力基础设施，促进清洁能源在区域范围内大规模开发利用；二是推进绿色低碳，应对气候变化，要坚定维护以联合国为核心的国际体系，全面有效落实《联合国气候变化框架公约》及其《巴黎协定》，推动建立公平合理、合作共赢的气候治理体系；三是深化务实合作，推动科技创新。要以更加开放的思维和举措，合作开展新能源和关键技术的研发应用，共同探索新技术、新业态、新模式，为亚太电力科技创新注入强劲动力。

※ 应对气候变化

1. 2023 年 11 月 30 日—12 月 13 日，第二十八届联合国气候变化大会（COP28）在阿联酋迪拜举行，大会达成"阿联酋共识"，就《联合国气候变化框架公约》及其《巴黎协定》落实和治理事项通过了数十项决定，正式成立损失与损害基金，完成《巴黎协定》下首次全球盘点，达成全球适应目标框架、公正转型路径工作方案，向国际社会发出了强有力的积极信号，对于维护和落实《巴黎协定》具有重要里程碑意义。

2. 2023 年 9 月 4—6 日，首届非洲气候峰会在肯尼亚内罗毕召开，会议通过《非洲领导人关于气候变化的内罗毕宣言及行动呼吁》(《内罗毕宣言》)，呼吁发展中国家和发达国家携手降低温室气体排放，并敦促发达国家兑现相关的出资和技术援助承诺。非洲国家领导人在宣言中建议，国际社会协助非洲提升可再生能源发电能力。同时，非洲国家领导人在宣言中强调，发达国家应信守承诺，兑现向发展中国家作出的相关气候出资承诺。联合国秘书长古特雷斯也在峰会上发言说，发达国家"必须兑现其承诺"。

随着全球能源需求的不断增长和能源结构的转型，中国电力企业在国际市场的角色日益重要。中国电力企业有机会利用其在太阳能、风能等领域的专业技术和成本优势，进入国际市场。全球能源转型不仅为企业提供了扩大市场份额的机会，也促进了技术创新和产业升级。据美国落基山研究所估计，到 2030 年，太阳能和风能的成本将再下降 25%至 50%，全球电动汽车渗透率可能到达 75%，各产业"建链、强链、补链、延链、固链"机会不断涌现，以能源脱碳带动交通、建筑、工业等领域脱碳的新机遇不断出现。2023 年我国以新能源汽车、锂电池、光伏产品为代表的"新三样"合计出口 1.06 万亿元，首次突破万亿大关，增长 29.9%，国际市场份额遥遥领先，预计 2024 年"新三样"的出口将继续保持高速增长，进一步带动上下游产业"走出去"，未来新业务的衍生空间巨大。

（二）全球能源电力科技创新带来的新机会

2023 年，在全球经济复苏乏力、大国博弈加剧、安全冲突扩大等影响下，全球能源发展环境发生深刻变化。全球能源科技创新进入空前密集活跃期，新一轮科技革命和产业变革加速重构全球能源版图，能源新技术、新业态不断涌现。

专栏 7-2

2023 年主要国家（地区）能源电力科技创新重点领域

※ 美国

1. 加快光伏制造业的发展。 美国能源部通过《两党基础设施法案》投入 4500 万美元资助太阳能晶硅制造和两用光伏孵化器示范项目，用于持续降低太阳能成本，同时开发下一代太阳能技术和促进美国太阳能制造业发展，推动太阳能发电安全、稳健、可靠并入国家能源网络。美国能源部还发布《推进聚光太阳能热发电定日镜技术的路线图》，对聚光太阳能的重要部件定日镜的研究和部署进行了规划，目标是降低聚光太阳能发电系统成本，到 2030 年使其发电成本降到每千瓦·时 0.05 美元。

2. 促进风电技术进步和升级。 美国能源部宣布在《两党基础设施法案》框架下投入 3000 万美元用于发展风电技术，降低陆上风电和海上风电项目成本，使美国到 2030 年达到 30 吉瓦的海上风电装机规模。在浮动式海上风电部署方面，美国能源部利用美国《通胀削减法案》的资金启动了新的西海岸海上风电传输研究，这是一项为期 20 个月的分析，旨在研究该国如何扩大传输以利用西海岸社区漂浮式海上风电的电力。美国能源部将根据其研究结果制定到 2050 年的发展规划，以解决目前限制美国西海岸海上风电发展的输电限制。

3. 更加注重清洁氢能技术研发创新。 2023 年 6 月，美国发布首份《国家清洁氢能战略和路线图》，提出到 2030 年美国每年生产 1000 万吨清洁氢，2040 年达 2000 万吨，2050 年达

5000 万吨。美国拟 2027 年开始以氨的形式出口清洁氢，2030 年成为最大的氢能出口国之一。8 月，美国能源部宣布投入 3400 万美元，支持 19 个清洁氢能前沿技术研发项目。10 月，美国政府宣布将利用《两党基础设施法案》提供的 70 亿美元资金，在全美建立 7 个地区性清洁氢气中心，目标是每年生产 300 多万吨清洁氢气，达到 2030 年美国清洁氢气产量目标的近 1/3。

4. 加强"核聚变"战略布局。 美国能源部通过"聚变能科学"专题为聚变能发展提供大量支持；美国核管理委员会正在制定聚变能监管框架，降低监管不确定性，支持聚变能的开发和商业化；美国能源部与英国能源安全和净零排放部建立聚变能战略合作伙伴关系，扩大美英两国在聚变能领域的领先优势；美国在第 28 届联合国气候大会（COP28）上宣布推出一项推动聚变能发展的国际合作计划，该计划将涉及 35 个国家，这是美国首次提出类似的推动聚变能发电商业化的国际战略合作计划。

5. 加大碳减排技术投入。 2023 年以来美国启动多个碳管理项目，美国能源部宣布为 33 个研究开发项目提供 1.31 亿美元，以推进碳管理技术的广泛部署，减少二氧化碳排放。为碳安全（Carbon SAFE）第二阶段储存综合体可行性（Storage Complex Feasibility）资助计划提供 9300 万美元，为后续开发能够储存 5000 万吨以上二氧化碳的储存设施提供支持；为碳管理（Carbon Management）资助计划下 22 个项目提供 3800 万美元，加速实现"以低于每吨 100 美元的价格将碳捕获并储存"的目标。

※ 欧盟

1. 提高本土产能，推动光伏产业回流。 由于欧洲天然气和电力能源价格飞涨，欧洲各国从 2022 年开始出现新一轮安装光伏发电系统的热潮。根据相关统计，在德国政府 2023 年 8 月最新招标中，采购的光伏系统装机容量达到创纪录的 170 万千瓦。为实现工业关键原材料的本土化生产，并反制美国的《通胀削减法案》，欧洲开始加强产业支持计划以确保光伏产业回流。

2. 加快海上风电发展。 欧盟委员会于 2023 年 10 月发布了风力发电一致行动计划，规定了欧盟委员会、成员国和行业将对风电产业共同采取的行动，包括加强金融支持、加快项目审批速度、审查外国补贴、改进拍卖设计、为采购中的非价格标准引入新的立法等 15 项内容。欧盟还宣布投入 20.8 亿欧元支持法国海上风电技术，到 2028 年在法国南部沿海建成该国首个漂浮式海上风电场，该风电场装机容量预计达到 23 万～27 万千瓦，风力发电产能将达到 1 太瓦·时/年，每年将减少 43 万吨二氧化碳排放量。

3. 推进绿氢规模化供应。 2023 年 2 月，欧盟重新定义了可再生氢的构成，要求生产氢气的电解槽必须与新的可再生电力生产相连，以确保可再生氢的生产能够激励可再生能源并网。3 月，欧盟规定到 2030 年可再生氢在工业氢需求中所占比例要达到 42%，为了满足这个配额，预计将需要 210 万～420 万吨的可再生氢总产量。同时，到 2030 年需要安装 22～43 吉瓦的电解槽装机容量。

4. 推动脱碳技术创新。欧盟宣布将从创新基金中拨款18亿欧元，投资16个大规模创新项目，涵盖CCUS、绿氢及其衍生物、储能、合成可持续燃料等技术，以实现在未来十年内将二氧化碳排放量减少1.25亿吨。其中捕集、利用和封存技术具体资助项目包括：将碳捕集装置与化工、水泥、石灰生产装置相集成，并将捕集的二氧化碳输送到沿海枢纽进行地质封存；创新碳捕集、利用与封存价值链，将建造东欧首个CCUS集群；建造世界首个二氧化碳矿化封存基地。

5. 致力提升关键原材料自主可控能力。为了对抗美国《通胀削减法案》对欧洲绿色竞争力带来的不利影响，2023年2月欧盟委员会又提出了《欧盟绿色协议工业计划》，将拨出2500亿欧元用于补贴和税收优惠，以提高欧盟净零制造能力，提升关键矿产的本土开采和加工能力。2023年3月，欧盟委员会正式发布《关键原材料法案》，旨在确保欧盟获得安全和可持续的关键原材料供应，这些原材料主要包括：稀土、锂、钴、镍以及硅等。按照该法案，到2030年，欧盟计划每年在欧盟内部生产至少10%的关键原材料，加工至少40%的关键原材料，回收15%的关键原材料。欧盟决定加快推动能源转型，这意味着欧洲对关键矿产的需求会剧增，对关键矿产供应链安全的重视程度也会进一步提升。

※ 英国

1. 创新形式开展海洋能技术研究。英国投入1750万英镑支持3个"超级影响中心"（Supergen Impact Hubs），其中包括位于普利茅斯大学的"海上可再生能源影响中心"，专注于波浪能、潮汐能、太阳能和风能等领域创新。

2. 建立自主核聚变研究能力。在脱欧的大背景下，2023年英国政府决定不加入欧洲原子能共同体研究和培训计划（Euratom R&T）以及聚变能计划，立足建立自主核聚变研究能力，弥补JET退役所造成的研发能力缺失。为此，英国计划投入7.76亿英镑的经费，落实核聚变战略，新建设用于发展核聚变燃料循环能力和创新的设施，发展新的核聚变科学和人力资源开发，加强国际合作项目，加速球形托卡马克等新技术研发和商业化发展。

3. 加大对前沿科技的研发投入力度。2023年1月，英国成立先进研究与发明机构（ARIA），其年度经费约8亿英镑（约66.46亿元人民币），为高风险、高回报的前沿研究提供资金，工作机制模仿美国国防高级研究计划局（DARPA）。2023年7月，英国出台"研究风险催化剂"基金，拟向企业投资约5000万英镑（约4.57亿元人民币），引导私人和慈善机构为英国前沿基础研究提供支持。

※ 日本

1. 打造氢能供应链以低成本推进实用化和普及化。日本政府于2023年6月对其2017年制定的《氢基本战略》进行修订，重点增加氢作为燃料的使用，计划2040年氢用量增长6

倍至 1200 万吨；同时，公共部门和私营企业也将在未来 15 年共同投资 15 万亿日元推广氢能应用。值得注意的是，新版《氢基本战略》还提出了氢能安全战略的基本框架，作为未来 5～10 年的行动指南，目的是建立覆盖整个氢能供应链的安全监管体系，包括建立科学数据基础、验证和优化阶段性实施规则、发展适合氢能应用的环境等方面。日本政府还计划颁布新立法，为参与氢和氨供应链生产、建立以及相关基础设施开发的企业提供财政支持。

2. 重启核电建设，将发展核聚变上升至战略高度。 为保障能源供应安全，日本转变核电政策，重启核电建设。日本通过《以实现绿色转型为目标的基本方针》，推翻了福岛核事故以来"不新建和改建核电站"的政策，计划到 2030 年核电发电量占比 20%～22%；日本参议院通过《绿色转型脱碳电源法》延长核电站运行年限。日本政府发布《聚变能源创新战略》，旨在利用本国技术优势实现聚变能产业化发展，在未来商业化利用聚变能中占据主导地位。

3. 推动发展二氧化碳循环转化利用技术。 日本新能源产业技术综合开发机构多次资助开发二氧化碳循环转化利用技术，包括在碳循环利用、下一代火力发电等技术开发项目中投入 25 亿日元（约合 1924 万美元），发展利用常压等离子体开发新的二氧化碳分解/还原工艺、能够高效利用二氧化碳的藻类生物质生产和利用技术等 6 个项目；在绿色创新基金框架下投入 1145 亿日元（约合 8.8 亿美元）启动以二氧化碳为原料的燃料制造技术开发项目，开发可持续航空燃料、不使用化石燃料的液化石油气绿色合成等技术。

（三）"一带一路"倡议下的合作机会

共建"一带一路"倡议提出 11 年来，"共商共建共享"的原则已经深入人心，中国式现代化和共建"一带一路"让各国看到了新选择、新可能。截至目前，我国已与 152 个国家、32 个国际组织签署了 200 余份共建"一带一路"合作文件，与多个国家发布共建命运共同体行动计划。在第三届"一带一路"国际合作高峰论坛上，习近平主席提出"八项行动"以支持共建"一带一路"倡议高质量发展，包括构建"'一带一路'立体互联互通网络、支持建设开放型世界经济、开展务实合作、促进绿色发展、推动科技创新、支持民间交往、建设廉洁之路、完善'一带一路'国际合作机制"等，宣布国家开发银行、中国进出口银行和丝路基金分别增设 3500 亿元、3500 亿元、800 亿元的人民币融资窗口，以市场化、商业化的方式支持共建"一带一路"项目，助力中国企业在国际市场中增强竞争力，推动共建"一带一路"实现更高质量、更高水平的新发展。

（四）基建投资机会迎来"补涨"

中国企业在国际市场上的基建投资机遇正迎来前所未有的增长。随着"一带一路"倡议的不断推进，中国企业与共建国家的经济合作日益密切，特别是在交通、能源和信息通信等基础设施建设领域。政府间合作文件的签署，为中国企业参与国际项目提供了坚实的法律和政策基础，同时，中国企业的技术创新，如数字技术、人工智能和智慧城市建设，为全球基建项目带来了新思路和解决方案。中国企业正逐渐从全球产业链的中低端向中高端转型，通过对外投资构建起由中企主导的全球产业链和价值链。依托庞大的产业链和消费群体，积极打造全球化公司，利用跨境电商等平台推动品牌国际化，通过与发达国家企业的优势互补，在基础设施、能源、环保、金融等领域开展广泛合作，增强全球市场竞争力。政府的政策支持和金融投资为企业"走出去"提供了强大动力，鼓励企业在国际市场上重视合规经营和社会责任。国际私营资本活跃度日益提升，部分全球知名投资商在中东、东南亚和拉美地区频繁获取区域内项目的开发权，推动重点项目落地实施。全球基建市场资金逐步充裕，为企业开展国际业务创造广阔的市场空间。

二、面临的挑战

（一）世界经济形势依然低迷

据国际货币基金组织（IMF）预测，2024 年全球经济增速将放缓至 2.9%，未来 5 年的增速预测值为 3%，远低于新冠肺炎疫情前水平。美国、日本放缓，欧洲增长乏力，新兴市场和发展中经济体走势分化，拉美、中东地区相对滞后，唯有亚洲地区保持较快增长。许多国家通货膨胀具有黏性，受地缘政治、极端天气等因素影响，全球能源、粮食等大宗商品价格走势存在较大不确定性，一些发展中国家面临货币贬值、债务违约、资本外流等严峻风险挑战，增加了全球经济的脆弱性，影响经济的有效复苏。全球经济增长分化加快、鸿沟加剧的问题更加突出，全球治理挑战增加，产业链供应链区域化碎片更趋明显，企业面临的发展环境存在较大的不稳定、不确定性。

（二）地缘政治影响

在激烈的大国对抗和地缘政治博弈以及全球主要国家一系列关键选举相互交织的背景下，2024 年国际政治形势很可能像过去几年一样充满变数。乌克兰危机延宕起伏，巴以冲突骤然升级，地区热点问题频发。特别是美国在我国周边不断挑起事端，干扰我国发展大局。同时，2024 年被称为"全球大选年"。据不完全统计，2024 年全球范围内将有 76 个国家和地区举行选举，覆盖了世界近一半人口、近 50% 的经济总量，"因选生变"和"因选生乱"的情况或将发生。虽然美国、欧盟投入大量资源支持乌克兰，美国大力援助以色列，但大部分发展中国家立场与欧美国家存在差异，印度、土耳其、南非和巴西等发展中大国力图在国际舞台上发出独立声音，一些体量小的国家或区域组织试图在国际舞台亮相发声，世界多极化进程正在加速。

（三）投资环境复杂多变

近年来，美国、欧盟等发达国家相继加强了外国投资审查力度，各国对国家安全的关注超越经济利益成为资源配置的首要选择，关键行业回迁态势进一步加大，越来越多的国家注重本土保护，市场份额向本国企业倾斜，从市场准入、持股比例、劳工配额、技术标准、税赋水平等方面对中资企业开展国际业务做出更多、更严的限制，企业出口难度快速加大，面临的各类壁垒显著增加。

专栏 7－3

中国电力企业在部分国家（地区）投资合作面临的风险与挑战

※ 美国

（1）2023 年，美国投资审查政策经历了显著的变革，特点在于进一步强化了国家安全审查、拓展了审查领域，突出了对关键技术和数据隐私保护，加强了对中国投资的审查，提高了合规和申报要求，这些变化对外国投资者产生了深远影响。预计美国将继续强化国家安全审查，特别是在关键与新兴技术领域，以维护其在全球竞争中的地位。

（2）美国电力私有化严重，私有化导致电力公司各自为政，缺乏总体的调度和相互救援；在考虑对电网设施的投资、维护时，经济回报率是私有化的电力公司首要考虑的问题。

（3）极端天气频发，水力发电产量严重不足，冬季断电事故频发。

※ 日本

（1）2023 年，由于国际燃料价格高涨、日元贬值、核电站重启困难等因素，日本电价持续攀升，创下历史新高。

（2）核能发展存在诸多不确定性因素。核安全风险依然难以消除，核能建设和运营的成本相对较高。核废料处理过程复杂、技术难度大、价格昂贵，而且存在安全隐患，这些都是核能发展不得不面对的问题。

（3）日本对电力、燃气、供热等行业实施外资管制。

※ 英国

（1）国际货币基金组织（IMF）在 2023 年发布的《世界经济展望报告》中预测 2023年英国将陷入经济衰退，高利率和财政紧缩政策将加剧生活成本危机，2023 年英国经济将收缩 0.6%，较上一次的展望大幅下调 0.9 个百分点，将成为七国集团（G7）中唯一经济萎缩的国家。

（2）英国这几年没能摆脱因脱欧带来的衰落、社会政治撕裂等后遗症，如金融不稳、生产部门劳动力短缺、食物短缺、物价高企、欧盟客户流失、能源问题面临挑战、北爱尔兰僵局、过境管控时间增加、经济和社会不稳定性增加导致民众心理健康恶化等。

※ 印度

（1）外资政策的制定、执行具有反复与摇摆的特征。可再生能源供应链问题继续影响项目成本和进度。

（2）中印因边境问题冲突不断，关系紧张。

（3）印度对中资准入设限。

（4）基础电力设施落后，建设速度缓慢。

※ 法国

（1）近年来，法国通货膨胀不只影响了法国人民的生活，也影响了市场融资环境。一些抗风险较弱的金融机构受到严重冲击，加剧了当地融资环境收紧以及资本外流。

（2）法国多地还面临干旱和山火问题，受干旱影响，法国部分地区开始实行用水限制措施，禁止除卫生饮用等优先用途之外的一切用水。

（3）欧洲深陷能源危机之际，法国罢工对该国核电输出的影响引发了广泛关注。

※ 巴西

（1）巴西政治环境动荡不安、经济形势不佳。

（2）随着巴西电力市场的开放和竞争加剧，中国电力企业在巴西投资合作面临着来自国内外的激烈竞争。

（3）电网网架结构薄弱，各区域的电网架构存在较大差异，其稳定性较差，主要表现在区域电网间交流联络通道故障承载能力不足。

（4）电力技术及电力传输抵御风险的能力弱。

（5）随着全球环保意识的不断提高，巴西政府也在加强环境监管和保护。环保法规的趋严将直接影响到电力企业的规划、建设和运营。同时，环保建设所需的投资也会增加电力企业的成本。

※ 澳大利亚

（1）澳大利亚在环保政策和可再生能源领域的制度不断完善，使得传统能源领域的投资难度加大。

（2）能源市场的投资门槛高，投资机会相对较少，跨国公司可能会面临一些法律风险。

（3）可再生能源发电补贴锐减，或有损可再生能源发电。

（4）政策和法律的不确定性以及电力供应的不稳定性，可能影响投资者的决策。

※ 智利

（1）智利政府计划在未来的所有锂项目中获得控股权，这将对投资构成相当大的挑战，可能会导致清洁能源转型断崖式下跌。

（2）尽管智利的营商环境不断优化，但政治风险不容忽视，主要表现为战争及政治暴乱风险、汇兑风险和征收与国有化风险。

（3）智利制宪和税改等结构性改革所造成的高度不确定性不利于投资增长，监管政策的摇摆不定也导致投资迟缓。

※ 南非

（1）电力供应不足扰乱了生产、运营和生计。

（2）南非港口拥堵，物流行业陷入困境，这可能会增加投资者的投资风险和经营成本。

（3）南非金融体系成熟，监管严格，但近年来南非兰特汇率波动较大，企业在投资合作过程中需充分考虑汇率风险。

※ 埃及

（1）埃及安全审查严格，未通过则投资终止。

（2）外籍员工签证难获，比例受限。

（3）外汇短缺影响资金回流。

（4）对于承包工程项目，埃及倾向本地企业，招标方式多变，可能损害企业利益。

第二节　策　略　与　展　望

总的来看，全球大势不改，共建"一带一路"基本盘稳定，国内经济回升、长期向好的态势没有改变，企业走出去风险与机遇并存，但机遇总体大于挑战。我们要保持战略定力，科学把握面临的发展机遇和风险挑战，增强信心和底气，通过加强技术创新、优化投资布局和加强国际合作，推动中国电力企业在国际市场中实现更高质量、更高水平的新发展。

一是上下游电力产业链协同拓展海外业务。经过多年的发展，我国电力企业发挥技术、资金、管理等领域优势，通过投资、工程承包、设备出口、技术和管理咨询等形式，积极拓展海外业务，为促进相关国家基础设施改善发挥了重要作用。然而，中国电力企业之间存在协同性不足、竞争激烈等问题。应促进中国电力行业形成上下游产业链合力，以合作共赢的联合体形式，形成集群效应，共同开拓海外市场，降低项目开发成本，提高境外投资成功率。

二是充分发挥品牌优势提升国际产能合作层次。中国电力企业要充分发挥企业品牌、技术、管理、资信等综合优势，积极推动规划设计、资本运作、工程建设、装备制造、运营管理、咨询服务等电力中高端优质产能合作，向设计研发、营销服务、品牌培育等价值链高端环节延伸，提高参与国际分工的层次和水平；推动行业上下游企业共同建立产能合作产业园区，带动装备制造企业在海外市场形成集群式竞争优势，拓展电力行业国际产能合作领域；推进金融机构深度参与电力合作项目，服务中国电力企业开展国际产能合作，重点支持绿地开发、工程承包、装备出口、国际并购等项目。

三是积极布局海外电力新技术新业态。当前，发电技术、电网技术与信息技术的融合不断深化，以互联网融合关键技术应用为代表的电力生产走向智能化。中国电力企业应依托在特高压输电技术、智能电网、超超临界机组技术、大型水电机组技术、控制保护领域的技术领先优势，带动电力设备出口贸易，逐渐形成自主产品、自主品牌和自主技术系列，大力推进技术标准国际化，积极开展新能源技术合作，提高国际影响力和话语权。积极开展海外电力投资运营，积极开展欧美、拉美等地区海外电力资产收购和绿地项目投资建设，拓展电力主营业务，提供国际性电力供应和服务。

四是提升国际标准规范输出能力。国际标准化组织作为国际标准工作最前沿的阵地与平台，对其工作参与的深度与广度直接体现了规则制定中话语权的强弱，也体现了一个国家自主创新的能力和核心竞争力的高低。因此，中国电力企业要针对具备标准输出条件的对外投资、工程建设项目，强化标准互认、标准共建，将中国电力标准纳入东道国标准体系；加强中国电力标准对外宣传，推进中国电力技术标准纳入国际标准；积极参与 ISO、IEC 等国际标准化组织的标准化活动，加强对重点国家行业政策、监管体系和标准体系的研究，推动建立双多边标准合作机制，强化标准与政策、规则的有效衔接，争取国际电力行业标准制定权和话语权。

　　五是积极开展国际合作与交流。紧密配合国家外交大局，积极参与重大外交活动、高端峰会、行业协会发展论坛等，切实做好因公出国和外国人来华邀请等工作，全面加强外事政策宣传和落地。建立以属地为主的资源配置体系，与东道国或第三国企业协同打造要素共享、价值共生、聚合裂变的"产业群""共赢链""能量场"，充分结合当地实际和发展诉求，促进所在国提升自我发展能力，推动务实合作落地。依托电力能源产业链一体化优势与联合国相关机构、发达国家商协会、跨国企业、国际一流高校等展开多层次立体式交流合作，丰富和创新合作模式，开展高质量经贸、投资、科技合作，实现互利互惠、发展共赢。

　　六是持续做好对外宣传工作。进一步提炼总结并形成富有国际特色的公司文化理念体系，开展文化理念宣贯活动，进一步凝聚全员价值追求和行为习惯。全面参与"文化丝路"计划和文化融合示范项目，持续提升"中国馆""鲁班工坊"等活动影响力，全力提升文化"走出去"传播影响力。深入践行 ESG 理念，高标准履行社会责任，塑造负责任、可信赖、受尊敬的中国企业形象。

附录

附录1 2023年部分国家（地区）电力数据

国家（地区）	平衡	产品	数值/（万千瓦·时）
澳大利亚	净发电量	电量	26157059
		核能	0
		可燃燃料	16589097
		煤、泥炭、加工气体	11775476
		石油和石油产品	386386.38
		天然气	4126105.3
		可燃可再生能源	301129.49
		可燃非可再生能源	0
		水电	1588613.1
		风电	3216159.5
		太阳能	4763189.1
		地热能	0
		其他可再生能源	0
		其他未分类	0
		可再生能源总电量（地热能、太阳能、风能及其他）	9869091.1
	进口量	电量	0
	出口量	电量	0
	抽水蓄能用电量	电量	78026.52
	配电损失	电量	1145475.9
	最终消费（计算得出）	电量	24933556.06
加拿大	净发电量	电量	61484840
		核能	8457527.5
		可燃燃料	12067577
		煤、泥炭、加工气体	3292286.9

国家（地区）	平衡	产品	数值/（万千瓦·时）
加拿大	净发电量	石油和石油产品	401946.54
		天然气	7385759.4
		可燃可再生能源	967959.85
		可燃非可再生能源	12424.43
		水电	36127685
		风电	3771528.3
		太阳能	1019322.3
		地热能	0
		其他可再生能源	0
		其他未分类	41199.96
		可再生能源总电量（地热能、太阳能、风能及其他）	41886496
	进口量	电量	2174044.1
	出口量	电量	4948989.2
	抽水蓄能用电量	电量	20013.97
	配电损失	电量	3248713.3
	最终消费（计算得出）	电量	55441168.17
丹麦	净发电量	电量	3375867.6
		核能	0
		可燃燃料	1101247.8
		煤、泥炭、加工气体	120603.93
		石油和石油产品	19365.18
		天然气	87881.97
		可燃可再生能源	807803.28
		可燃非可再生能源	65593.41
		水电	1954.1
		风电	1938913.9
		太阳能	333751.82
		地热能	0
		其他可再生能源	0
		其他未分类	0
		可再生能源总电量（地热能、太阳能、风能及其他）	3084223.2

续表

国家（地区）	平衡	产品	数值/（万千瓦·时）
丹麦	进口量	电量	1987841.7
	出口量	电量	1669972.1
	抽水蓄能	电量	0
	配电损失	电量	416565.99
	最终消费（计算得出）	电量	3277171.23
法国	净发电量	电量	50455345
		核能	32041200
		可燃燃料	4957349.9
		煤、泥炭、加工气体	254119.72
		石油和石油产品	621703.89
		天然气	2906585.5
		可燃可再生能源	964453
		可燃非可再生能源	210487.68
		水电	5943243
		风电	5065047.9
		太阳能	2338759.1
		地热能	9566.04
		其他可再生能源	47786.52
		其他未分类	52392.24
		可再生能源总电量（地热能、太阳能、风能及其他）	14368856
	进口量	电量	2549826.1
	出口量	电量	7587485.5
	抽水蓄能用电量	电量	577775.37
	配电损失	电量	3631626.5
	最终消费（计算得出）	电量	41208283.46
德国	净发电量	电量	48962700
		核能	672298.03
		可燃燃料	25717108
		煤、泥炭、加工气体	12538696
		石油和石油产品	367702.87
		天然气	7737202.4
		可燃可再生能源	4493900
		可燃非可再生能源	579678.88

国家（地区）	平衡	产品	数值/（万千瓦·时）
德国	净发电量	水电	2525105.8
		风电	14059653
		太阳能	5846389.1
		地热能	15559.62
		其他可再生能源	0
		其他未分类	126513.84
		可再生能源总电量（地热能、太阳能、风能及其他）	26940608
	进口量	电量	6926643.9
	出口量	电量	6008309.4
	抽水蓄能用电量	电量	825360.85
	配电损失	电量	2698801.6
	最终消费（计算得出）	电量	46356872
意大利	净发电量	电量	25864605
		核能	0
		可燃燃料	15893021
		煤、泥炭、加工气体	1341483.5
		石油和石油产品	652229.22
		天然气	12121659
		可燃可再生能源	1577348.6
		可燃非可再生能源	200300.75
		水电	4029020.8
		风电	2349257.5
		太阳能	3006370.3
		地热能	535329.48
		其他可再生能源	0
		其他未分类	51606.24
		可再生能源总电量（地热能、太阳能、风能及其他）	11497327
	进口量	电量	5458453.9
	出口量	电量	333135.19
	抽水蓄能用电量	电量	225550
	配电损失	电量	1817346.7
	最终消费（计算得出）	电量	28947027.4

国家（地区）	平衡	产品	数值/（万千瓦·时）
日本	净发电量	电量	97705595
		核能	7731245.9
		可燃燃料	68794110
		煤、泥炭、加工气体	28427259
		石油和石油产品	2885897.7
		天然气	31047678
		可燃可再生能源	4290119.9
		可燃非可再生能源	2143155.2
		水电	8149073.4
		风电	1011053.7
		太阳能	9923277.9
		地热能	298113.46
		其他可再生能源	0
		其他未分类	1798721
		可再生能源总电量（地热能、太阳能、风能及其他）	23671638
	进口量	电量	0
	出口量	电量	0
	抽水蓄能用电量	电量	1352255.7
	配电损失	电量	5986554.5
	最终消费（计算得出）	电量	90366785.21
韩国	净发电量	电量	58942861
		核能	17184583
		可燃燃料	37001723
		煤、泥炭、加工气体	18391203
		石油和石油产品	485989.77
		天然气	16801939
		可燃可再生能源	1156141.7
		可燃非可再生能源	166449.75
		水电	745894.65
		风电	340351.22
		太阳能	3149261.9
		地热能	0
		其他可再生能源	60720.77

国家（地区）	平衡	产品	数值/（万千瓦·时）
韩国	净发电量	其他未分类	460325.77
		可再生能源总电量（地热能、太阳能、风能及其他）	5452370.2
	进口量	电量	0
	出口量	电量	0
	抽水蓄能用电量	电量	490712.21
	配电损失	电量	1967971.5
	最终消费（计算得出）	电量	56484177.24
英国	净发电量	电量	27300795
		核能	3704135.5
		可燃燃料	13241352
		煤、泥炭、加工气体	375798.62
		石油和石油产品	186116.89
		天然气	9315386.6
		可燃可再生能源	2946352.5
		可燃非可再生能源	417697
		水电	752027.11
		风电	8242441
		太阳能	1360293.2
		地热能	0
		其他可再生能源	547.08
		其他未分类	0
		可再生能源总电量（地热能、太阳能、风能及其他）	13301661
	进口量	电量	3321246.7
	出口量	电量	943505
	抽水蓄能用电量	电量	240212.45
	配电损失	电量	2649605.5
	最终消费（计算得出）	电量	26788719.19
美国	净发电量	电量	425483717
		核能	77480638
		可燃燃料	256793256
		煤、泥炭、加工气体	70704808
		石油和石油产品	3031438.1

国家（地区）	平衡	产品	数值/（万千瓦·时）
美国	净发电量	天然气	177379058
		可燃可再生能源	4873297.3
		可燃非可再生能源	804654.91
		水电	25429593
		风电	42450796
		太阳能	21525642
		地热能	1600645.9
		其他可再生能源	0
		其他未分类	203145.93
		可再生能源总电量（地热能、太阳能、风能及其他）	95879974
	进口量	电量	4369698.9
	出口量	电量	1237283.5
	抽水蓄能用电量	电量	2824481.4
	配电损失	电量	25390623
	最终消费（计算得出）	电量	400401027.9
印度	净发电量	电量	180222014
		核能	4531216.4
		可燃燃料	139645211
		煤、泥炭、加工气体	128874829
		石油和石油产品	636261.8
		天然气	6761409.2
		可燃可再生能源	3196269.8
		可燃非可再生能源	176441.76
		水电	14787534
		风电	9282446.9
		太阳能	11975605
		地热能	0
		其他可再生能源	0
		其他未分类	0
		可再生能源总电量（地热能、太阳能、风能及其他）	39241856
	进口量	电量	0
	出口量	电量	0
	抽水蓄能用电量	电量	0
	配电损失	电量	0
	最终消费（计算得出）	电量	0

国家（地区）	平衡	产品	数值/（万千瓦·时）
中国	净发电量	电量	909317733
		核能	40726799
		可燃燃料	595570247
		煤、泥炭、加工气体	549919323
		石油和石油产品	1157883.4
		天然气	27201209
		可燃可再生能源	16616898
		可燃非可再生能源	674933.82
		水电	124227209
		风电	96443642
		太阳能	52337294
		地热能	11270.28
		其他可再生能源	1271.04
		其他未分类	0
		可再生能源总电量（地热能、太阳能、风能及其他）	289637584
	进口量	电量	0
	出口量	电量	0
	抽水蓄能用电量	电量	0
	配电损失	电量	0
	最终消费（计算得出）	电量	0
经合组织欧洲	净发电量	电量	334200145
		核能	62214179
		可燃燃料	124870935
		煤、泥炭、加工气体	41331651
		石油和石油产品	3642681.2
		天然气	59011038
		可燃可再生能源	18445544
		可燃非可再生能源	2440020.7
		水电	58624725
		风电	59134335
		太阳能	26696978
		地热能	2032144.9
		其他可再生能源	50133.6

国家（地区）	平衡	产品	数值/（万千瓦·时）
经合组织 欧洲	净发电量	其他未分类	576713.05
		可再生能源总电量（地热能、太阳能、风能及其他）	164983861
	进口量	电量	46033249
	出口量	电量	45414038
	抽水蓄能用电量	电量	5216111.6
	配电损失	电量	23614299
	最终消费（计算得出）	电量	305988944.7
经合组织 美洲	净发电量	电量	546106923
		核能	87150001
		可燃燃料	308597731
		煤、泥炭、加工气体	79090798
		石油和石油产品	9559952.5
		天然气	212162870
		可燃可再生能源	6841699
		可燃非可再生能源	942411.02
		水电	72350209
		风电	49555424
		太阳能	25797523
		地热能	2213988.5
		其他可再生能源	0
		其他未分类	442045.93
		可再生能源总电量（地热能、太阳能、风能及其他）	156758844
	进口量	电量	7152882.6
	出口量	电量	6525052.6
	抽水蓄能用电量	电量	2844495.3
	配电损失	电量	33443674
	最终消费（计算得出）	电量	510446583.6
经合组织 亚洲大洋洲	净发电量	电量	187109214
		核能	24915829
		可燃燃料	122952581
		煤、泥炭、加工气体	58779789
		石油和石油产品	3758399.4

续表

国家（地区）	平衡	产品	数值/（万千瓦·时）
经合组织亚洲大洋洲	净发电量	天然气	52294123
		可燃可再生能源	5810664.9
		可燃非可再生能源	2309604.9
		水电	13085001
		风电	4924735.4
		太阳能	17856269
		地热能	1050718
		其他可再生能源	60720.77
		其他未分类	2263358.8
		可再生能源总电量（地热能、太阳能、风能及其他）	42788109
	进口量	电量	0
	出口量	电量	0
	抽水蓄能用电量	电量	1920994.5
	配电损失	电量	9372154.4
	最终消费（计算得出）	电量	175816065
经合组织总值	净发电量	电量	1067416281
		核能	174280009
		可燃燃料	556421247
		煤、泥炭、加工气体	179202238
		石油和石油产品	16961033
		天然气	323468031
		可燃可再生能源	31097908
		可燃非可再生能源	5692036.6
		水电	144059935
		风电	113614495
		太阳能	70350771
		地热能	5296851.5
		其他可再生能源	110854.37
		其他未分类	3282117.7
		可再生能源总电量（地热能、太阳能、风能及其他）	364530815

续表

国家（地区）	平衡	产品	数值/（万千瓦·时）
	进口量	电量	53186132
	出口量	电量	51939091
经合组织总值	抽水蓄能用电量	电量	9981601.4
	配电损失	电量	66430128
	最终消费（计算得出）	电量	992251593

来源：国际能源署 IEA 月报数据

附录2　2023年全球能源大事记

序号	事件	概要	影响
1	大西洋理事会全球能源论坛在阿布扎比拉开帷幕	第七届全球能源年度论坛由大西洋理事会主办，于 2023 年 1 月 14 日在阿布扎比拉开帷幕，这是阿布扎比可持续发展周活动的一部分	论坛集中讨论在能源安全优先事项与减少碳化的同时面临的挑战，旨在确定全球能源议程，推动全球能源转型
2	第六届有效核与辐射监管体系国际大会	2023 年 2 月 13 日至 16 日，国际原子能机构在阿联酋阿布扎比举行第六届有效核与辐射监管体系国际大会	会议主题为"为环境迅速变化的未来做准备"，目的是回顾以往大会的成果，交流关于提高核与辐射监管体系有效性的经验，并探讨如何在快速变化的环境中应对新兴挑战，如何对创新技术进行监管，以及如何加强监管协调以及国际和区域合作
3	俄乌冲突升级满一年	受多重因素影响，多国通胀压力加大，国际能源市场明显波动	2022 年欧盟从俄罗斯进口天然气量同比减少近两成半，欧洲电力合约价更一度上涨近 3 倍。这一年来，能源和大宗商品价格上涨不断向消费者传导，多国 CPI 屡创新高
4	博鳌亚洲论坛 2023 年年会正式开启	2023 年 3 月 28 日，备受瞩目的博鳌亚洲论坛 2023 年年会在海南博鳌拉开帷幕，年会主题为"不确定的世界：团结合作迎挑战，开放包容促发展"。与会嘉宾共聚一堂，为促进亚洲乃至世界共同发展提供"博鳌方案"，贡献"博鳌智慧"	博鳌亚洲论坛 2023 年年会世界能源大变局分论坛上，与会嘉宾就世界能源变局、如何维护国际能源市场稳定、各国能源结构如何转型等话题展开讨论
5	"欧佩克＋"会议前集体宣布自愿减产	沙特阿拉伯等石油输出国组织多个成员国和多个非欧佩克产油国于 2023 年 4 月 2 日宣布，将自愿削减每日石油供应量，每天总减幅度超过 100 万桶，该决定自 5 月生效并持续至 2023 年年底	受此消息影响，国际油价大幅飙升，WTI 原油开盘大涨 7%；国内上海能源交易中心原油期货大涨 8%，一扫此前连续震荡下跌的阴霾
6	第二届北海峰会在比利时奥斯坦德举行	2023 年 4 月 24 日，包括比利时首相德克罗、法国总统马克龙以及德国总理朔尔茨在内的 9 个欧洲国家的领导人、能源部长等出席当天的会议。约 120 名商界领袖和利益相关方代表也应邀出席	峰会通过《奥斯坦德宣言》，强调与会各国将充分利用北海地区的能源和工业潜力，到 2050 年将北海地区打造成欧洲最大的绿色能源基地。《奥斯坦德宣言》为环北海国家的海上风力发电制定了明确的目标：2030 年前，海上风电装机容量将达到 120 吉瓦，2050 年前将提高至 300 吉瓦以上

序号	事件	概要	影响
7	第30届东盟可再生能源专项工作组及系列会议召开	本次会议于 2023 年 5 月 3—5 日在老挝万象成功举办,由马来西亚天然资源环境及气候变化部、老挝能源矿产部、东盟秘书处和东盟能源中心共同主办,是东盟国际合作机制下可再生能源领域的工作层会议	本次会议包括第三届东盟可再生能源长期路线图专项会议、东盟海上风电 + 示范项目潜力专题会议、东盟电动车辆战略融入东盟生物燃料路线专项会议等 3 个专题研讨会,会议期间东盟成员国和其他利益相关方围绕东盟可再生能源发展和区域实现能源低碳转型目标展开讨论
8	法国主持召开欧洲"核联盟"成员国会议	在法国能源转型部的召集下欧洲"核联盟"成员国于 2023 年 5 月 16 日在巴黎召开会议,比利时、保加利亚等 14 个欧洲"核联盟"成员国派代表参加了当天会议,具有观察员地位的意大利和作为嘉宾国的英国也派代表出席	本次会议主要讨论两个议题:一是如何建立独立的欧洲核供应链;二是讨论欧洲核工业复兴的条件。与会方签署了一份联合声明,呼吁制订欧洲行动计划,以促进核能部门在技术、创新、安全标准等方面的合作。会议预计,在现有核电设施持续安全运行基础上,如果欧盟新建 30~45 个大型核反应堆,同时发展小型模块化核反应堆,到2050年其核电装机容量将提升至 150 吉瓦
9	2023 年七国集团峰会	日本是 2023 年七国集团轮值主席国,七国集团峰会于 2023 年 5 月 19—21 日在广岛举行	这次峰会的主题是"共同应对全球挑战",涉及全球经济、气候变化、卫生安全、数字化、贸易等多个领域
10	"欧佩克＋"第 35 届联合部长级会议	2023 年 6 月 4 日,"欧佩克"＋第 35 届部长级会议在维也纳举行	会议决定把 200 万桶/日的减产计划延长到2024 年年底,并调整了阿联酋、安哥拉、尼日利亚等国的原油产量配额。会后沙特能源部宣布,沙特将在 2023 年 7 月自愿减产100 万桶/日,如有必要将延长
11	第八届全球能效大会	2023 年 6 月 6—8 日,由国际能源署(IEA)、法国能源转型部等联合主办的第八届全球能效大会在法国巴黎召开	大会期间,IEA 署长法提赫·比罗尔(Fatih Birol)强调了提升能效是应对世界诸多迫切挑战的关键解决方案,中国国家发展改革委副主任赵辰昕出席大会并致辞。会议期间,中国国家发展改革委还与 IEA 续签了《中华人民共和国国家发展和改革委员会与国际能源署关于加强能效合作的谅解备忘录》。各国专家认为应加快听在关键产品方面采用全球最佳的能效标准,促进提高高效产品市场份额,支持尚未建立能效标准的国家建立先进的标准和管理制度。同时,已制定能效标准的国家和地区应持续推动能效标识协调合作
12	2023 国际标准化(麒麟)大会在南京开幕	2023 年 6 月 7 日,2023 国际标准化(麒麟)大会由中国国家市场监督管理总局(国家标准化管理委员会)、德国电工委员会(DKE)、英国标准协会(BSI)联合指导,国际电工委员会(IEC)、国际标准化组织(ISO)、国际电信联盟(ITU)世界三大国际标准化机构提供支持,由南京市人民政府、中国电机工程学会、中国华能集团有限公司联合主办	以"全电社会"为主题的国际标准化大会在江苏南京开幕,会议重磅发布了由我国牵头编制的 IEC 新兴技术战略白皮书,包括《以新能源为主体的零碳电力系统》中文版、《多能智慧耦合能源系统》《多源固废能源化:固废耦合发电系统》,这是我国参与 IEC 工作、建设碳达峰碳中和国际标准体系的最新成果,为我国引领全球碳达峰碳中和领域国际标准制定奠定重要基础

序号	事件	概要	影响
13	欧洲电力峰会召开	布鲁塞尔于 2023 年 6 月 20—21 日举行 2023 年年度电力峰会	与会者讨论了欧盟成员国的电力系统问题，以及在资源和能源双重危机的背景下，欧洲所面临的挑战。与会者指出，新冠肺炎疫情和俄乌冲突是造成市场动荡的关键因素
14	5 座全球单罐容量最大液化天然气储罐"落户"粤港澳大湾区	2023 年 7 月 3 日，5 座全球单罐容量最大的 27 万米³ 液化天然气储罐完成穹顶浇筑作业，标志着中国海油金湾"绿能港"二期项目实现主体结构完工，向项目投产运营又迈出关键一步	该项目建成后，将大幅提升我国粤港澳大湾区和华南地区的天然气调峰保供能力
15	全球首台醇氢增程动力客车在四川南充正式下线	2023 年 7 月 26 日，由远程新能源商用车集团自主研发的全球首台醇氢增程动力客车在四川南充正式下线，标志着我国在新能源客车关键技术研究与应用方面取得重大突破	本次下线的 8.5 米醇氢增程动力城市客车，重在解决行业里程焦虑问题，在新能源领域开辟新的赛道。该款客车产品应用全新甲醇增程混动技术，采用 12.5 高压缩比，低摩擦技术，热效率可达 41.5%。在不同运行场景下均能自动匹配最优控制策略，保障客车运行醇耗、电耗最优，整车性能最佳。此外，整车内外饰全新迭代升级，在安全性、舒适性和智能化方面全面提升
16	2023 国际碳中和论坛暨第三届中英碳中和会议在英国剑桥大学丘吉尔学院落下帷幕	英国时间 2023 年 8 月 11 日，2023 国际碳中和论坛暨第三届中英碳中和会议的成功召开，会议不仅搭建了国际高规格学术交流平台，系统阐述前瞻性问题思考，有效贯彻实现"双碳"目标的行动指引，也集聚了中欧优质资源力量，撬动了在科技创新和产业实践等各方面的资源力量	大会通过构建开放、包容、跨地域的国际学术交流平台，准确全面贯彻新发展理念，深度探索"双碳"目标实现路径，共谋绿色发展之路
17	日本核污水排海引发全球关注	2023 年 8 月 24 日，日本东京电力公司开始向海洋排放福岛第一核电站的核污水，这是日本政府在 2021 年 4 月正式决定采取这一措施后的首次实施	日本计划在未来30年内将约130万吨的核污水分批排入海洋，每年约 3.12 万吨，每次约 7800 吨。日本方面声称，经过处理的核污水已经达到了国际标准，不会对环境和人类健康造成影响。然而，这一做法引发了全球社会各界的强烈反对和担忧
18	首届非洲气候峰会在肯尼亚内罗毕召开	此次峰会主题为"推动绿色增长，为非洲和世界提供气候融资解决方案"，峰会时间为 9 月 4—6 日，包括 12 位非洲国家元首在内的 55 个非洲国家代表，以及联合国秘书长古特雷斯和美国气候特使约翰·克里等出席了会议，他们讨论了如何获得应对气候变化及促进非洲能源转换所需的资金	本次峰会通过了《内罗毕宣言》，呼吁发展中国家和发达国家携手降低温室气体排放，并敦促发达国家兑现相关的出资和技术援助承诺。人类应对气候变化的共同挑战，非洲国家的作用不能被忽视，非洲的声音更不能只是被听到，其诉求应得到重视并真正影响国际议程。正如峰会组织者所宣介的，这次峰会要展示的是，非洲是气候投资的目的地，是解决全球气候危机的关键参与者
19	二十国集团领导人第十八次峰会	当地时间 9 月 9—10 日，二十国集团领导人第十八次峰会在印度新德里举行，主题为"同一个地球，同一个家园，同一个未来"	峰会通过《二十国集团领导人新德里峰会宣言》，承诺采取切实行动应对全球挑战。《二十国集团领导人新德里峰会宣言》表示，全球经济增长和稳定的不利因素仍然存在，层出不穷的挑战和危机逆转了落实 2030 年可持续发展议程的进程；强调支持可持续、包容和公正的全球转型的发展模式，不让任何一个人掉队；表示二十国集团领导人决心以伙伴关系推进具体行动，并承诺加快实现强劲、可持续、平衡和包容增长，全面有效落实 2030 年可持续发展议程

续表

序号	事件	概要	影响
20	2023 阿布扎比石油和天然气国际会议暨展会圆满结束	第 39 届阿布扎比国际石油展览会（ADIPEC 2023）于 2023 年 10 月 2—5 日在阿联酋阿布扎比举行。来自世界各地的 2200 多家公司，54 个国家石油公司（NOC）、国际海洋石油公司（IOC）、国家能源委员会（NEC）和国际电工委员会（IEC）以及 30 个国际参展国展团齐聚展会	本次展会主题是"携手努力加速脱碳"，在俄乌冲突影响持续外溢、主要产油国削减供应的背景下，各国对能源绿色转型和多元化发展的需求逐步提升。随着全球"碳达峰""碳中和"目标兑现日期的日益临近，各国在应对气候变化、推动脱碳降碳领域面临的挑战也在增加。展会为能源和相关行业人士提供了一个交流合作的平台，以实现能源的清洁、低碳、高效增长
21	第三届"一带一路"国际合作高峰论坛在北京举行	中华人民共和国主席习近平，阿根廷总统费尔南德斯，智利总统博里奇，刚果共和国总统萨苏，印度尼西亚总统佐科·维多多，哈萨克斯坦总统托卡耶夫，肯尼亚总统鲁托，老挝国家主席通伦，蒙古总统呼日勒苏赫，俄罗斯总统普京，塞尔维亚总统武契奇，斯里兰卡总统维克拉马辛哈，土库曼斯坦民族领袖、人民委员会主席别尔德穆哈梅多夫，乌兹别克斯坦总统米尔济约耶夫，越南国家主席武文赏，柬埔寨首相洪玛奈，埃及总理马德布利，埃塞俄比亚总理阿比，匈牙利总理欧尔班，莫桑比克总理莱阿内，巴基斯坦总理卡卡尔，巴布亚新几内亚总理马拉佩，泰国总理赛塔，尼日利亚副总统谢蒂马，联合国秘书长古特雷斯与会。法国、阿联酋、希腊等国领导人高级别代表与会。共 150 多个国家的代表参会于 2023 年 10 月 18 日参会。习近平主席在开幕式发表主旨演讲	各方回顾联合国 2030 年可持续发展议程、《联合国气候变化框架公约》及其《巴黎协定》《生物多样性公约》及"昆明—蒙特利尔全球生物多样性框架"，支持共同推进建设绿色丝绸之路，实现人与自然和谐共生。专题论坛及企业家大会成果 10 项，包括数字经济和绿色发展国际经贸合作框架倡议等；政府间合作平台成果 18 项，包括绿色金融支持"一带一路"能源转型倡议等
22	第 24 届东亚及西太平洋电力工业协会大会	2023 年 10 月 20 日，第 24 届东亚及西太平洋电力工业协会大会（简称亚太电协大会）开幕式在厦门举行。大会以"绿色低碳 电亮未来"为主题，由东亚及西太平洋电力工业协会、中国电力企业联合会主办，18 家中国主要电力企业及单位联合主办。大会为期 3 天，除主旨演讲外，还发布了亚太电协技术委员会专题报告，举行了 11 场专题论文交流会和 3 场平行边会，并开展了文化之夜、展览展示、技术参观等内容丰富、主题多元、形式多样的系列活动，为参会嘉宾和代表打造多维度、跨领域的交流及合作平台	韩正副主席出席、集体会见国内外贵宾并作大会致辞。来自 50 多个国家和地区、600 多家单位的 3000 位嘉宾代表现场参会，在线观看近 2000 万人次。韩正副主席指出，能源绿色低碳转型已成为世界各国共识，是不可逆转的时代趋势。中国将秉持人类命运共同体理念，同亚太各国一道，携手推动构建"合作、开放、共赢"的能源电力国际合作新格局，并围绕"加强互联合作、推动能源转型，推进绿色低碳、应对气候变化，深化务实合作、推动科技创新"提出了"三点倡议"。一是加强互联合作，推动能源转型要加强能源电力交流合作，共建能源电力基础设施，促进清洁能源在区域范围内大规模开发利用。二是推进绿色低碳，应对气候变化。要坚定维护以联合国为核心的国际体系，全面有效落实《联合国气候变化框架公约》及其《巴黎协定》，推动建立公平合理、合作共赢的气候治理体系。三是深化务实合作，推动科技创新。要以更加开放的思维和举措，合作开展新能源和关键技术的研发应用，共同探索新技术、新业态、新模式，为亚太电力科技创新注入强劲动力

续表

序号	事件	概要	影响
23	2023 世界储能大会促产业合作发展	以"全球视野 全新储能"为主题的 2023 世界储能大会 2023 年 11 月 9 日在福建省宁德市举行,打造世界级储能交流合作平台,推动储能产业高质量发展	大会共签 63 个项目,总投资金额约 1191.2 亿元
24	亚太经合组织第三十次领导人非正式会议召开	当地时间 2023 年 11 月 17 日上午,亚太经合组织第三十次领导人非正式会议在美国旧金山莫斯科尼中心举行	会议发表了《2023 年亚太经合组织领导人旧金山宣言》。本次会议由美国总统拜登主持,主题为"为所有人创建强韧和可持续未来"。《2023 年亚太经合组织领导人旧金山宣言》表示,亚太经合组织各经济体需要加大力度,在考虑最新科学发展和不同国情的基础上,通过各种途径加快清洁、可持续、公正、可负担、包容性的能源转型,实现到 21 世纪中叶左右全球温室气体净零排放
25	第 28 届联合国气候变化大会(COP28)	当地时间 2023 年 11 月 30 日至 12 月 13 日,第 28 届联合国气候变化大会(COP28)在阿联酋迪拜举行	COP28 的开局非常顺利,作为东道主的阿联酋宣布要捐款 300 亿美元成立一个新的气候基金,希望能加速全球向低碳经济转型,并帮助贫穷国家减轻气候灾害。这一新的基金将采用二分结构,其中 250 亿美元用于气候战略投资;另外 50 亿美元用于激励投资流入全球南方国家,也就是指发展中国家、欠发达国家等低收入国家。大会达成"阿联酋共识",就《联合国气候变化框架公约》及其《巴黎协定》的落实和治理事项通过了数十项决定,正式成立损失与损害基金,完成《巴黎协定》下首次全球盘点,达成全球适应目标框架、公正转型路径工作方案,向国际社会发出了强有力的积极信号,对于维护和落实《巴黎协定》具有重要里程碑意义
26	2023 世界新能源汽车大会	2023 年 12 月 7 日至 9 日,由中国科学技术协会、海南省人民政府、科学技术部、生态环境部主办,中国汽车工程学会、中国电动汽车百人会等承办的 2023 世界新能源汽车大会在海南海口召开	大会汇聚了来自 20 个国家和地区的 750 余位代表,就"绿色低碳发展战略与路径""加速重构汽车产业新生态"等议题展开交流研讨
27	2023 国际能源工程大会(ICEE2023)	大会于 2023 年 12 月 15 日至 17 日在中国西安隆重召开,为与会者提供一个广泛而深入的交流平台,涵盖可再生能源、交通新能源与先进动力、交通能源融合、能源效率、能源存储、电力系统、智能电网和能源政策等重要议题	本次会议旨在推动能源领域的可持续发展,探讨最新研究成果、技术创新和最佳实践,以应对能源领域的挑战

附录 3　2023 年中国主要电力企业部分新增境外办事机构

序号	所属集团	机构名称	洲	国家
1	中国华电集团有限公司	华电海投亚太代表处	亚洲	菲律宾
2	中国华电集团有限公司	华电海投中亚代表处	亚洲	哈萨克斯坦
3	国家电力投资集团有限公司	菲律宾综合智慧能源公司	亚洲	菲律宾
4	国家电力投资集团有限公司	印度尼西亚综合智慧能源有限责任公司	亚洲	印度尼西亚
5	中国能源建设集团有限公司	缅甸分公司	亚洲	缅甸
6	中国能源建设集团有限公司	沙特分公司	亚洲	沙特阿拉伯
7	中国能源建设集团有限公司	贝尔格莱德分公司	欧洲	塞尔维亚
8	中国能源建设集团有限公司	柬埔寨分公司	亚洲	柬埔寨
9	中国能源建设集团有限公司	中国能源建设集团山西省电力勘测设计院有限公司日本分公司	亚洲	日本
10	中国能源建设集团有限公司	中国能源建设集团山西省电力勘测设计院有限公司阿曼子公司	亚洲	阿曼
11	中国能源建设集团有限公司	巴西电力技术有限公司	美洲	巴西
12	中国能源建设集团有限公司	南非莫伊有限公司	非洲	南非
13	中国能源建设集团有限公司	中国葛洲坝国际巴西有限公司	美洲	巴西
14	中国能源建设集团有限公司	中国能源建设集团湖南火电建设有限公司沙特阿拉伯分公司	亚洲	沙特阿拉伯
15	中国能源建设集团有限公司	中国能源建设集团山西电力建设第三有限公司（新加坡分公司）	亚洲	新加坡
16	中国能源建设集团有限公司	中国能建安徽电建二公司蒙古国代表处	亚洲	蒙古国
17	中国能源建设集团有限公司	中国能建安徽电建二公司菲律宾分公司	亚洲	菲律宾
18	中国能源建设集团有限公司	浙江能源建设中亚有限责任公司	亚洲	乌兹别克斯坦
19	中国能源建设集团有限公司	中国能建天津电力建设塔什干有限责任公司	亚洲	乌兹别克斯坦
20	中国能源建设集团有限公司	中能建建筑集团塔什干有限责任公司	亚洲	乌兹别克斯坦
21	中国电气装备集团有限公司	平高集团西班牙分公司	欧洲	西班牙
22	中国电气装备集团有限公司	平高集团塔吉克斯坦项目部	亚洲	塔吉克斯坦
23	中国东方电气集团有限公司	东方电气集团国际合作有限公司波黑图兹拉项目办事处	欧洲	波黑
24	中国东方电气集团有限公司	东方电气集团国际合作有限公司驻塔吉克斯坦共和国代表处办事处	亚洲	塔吉克斯坦
25	正泰集团股份有限公司	正泰韩国子公司	亚洲	韩国

附录4 2023 年中国主要电力企业参加的部分境内外国际会议情况

序号	所属集团	会议名称	主办方	举办时间	举办地点
1	国家电网有限公司	2023 中欧海上新能源发展合作论坛	中国水电水利规划设计总院、中国欧盟商会、盐城市人民政府	2023 年 11 月	中国江苏盐城
2	国家电网有限公司	IEEE 美国电气电子工程师学会点亮非洲会议	IEEE 美国电气电子工程师学会	2023 年 11 月	摩洛哥马拉喀什
3	国家电网有限公司	第二届能源电力数字化峰会	中国能源研究会双碳产业合作分会、能见科技	2023 年 12 月	中国北京
4	国家电网有限公司	拉美能源周	拉美能源组织	2023 年 11 月	乌拉圭蒙得维的亚
5	国家电网有限公司	湘江前沿交叉论坛	湘江实验室	2023 年 11 月	中国湖南长沙
6	国家电网有限公司	第三届联合国亚太能源论坛	联合国亚太经社委	2023 年 10 月	泰国曼谷
7	国家电网有限公司	智利能源转型大会	智利可再生能源协会	2023 年 11 月	智利
8	国家电网有限公司	2023 年世界水电大会	IHA 国际水电协会印尼政府	2023 年 10 月	印度尼西亚巴厘岛
9	国家电网有限公司	维也纳国际能源与气候论坛	联合国工业发展组织、国际应用系统研究所、奥地利联邦政府和奥地利开发署	2023 年 11 月	奥地利维也纳
10	国家电网有限公司	全球共享发展行动论坛	中国国家国际发展合作署	2023 年 7 月	中国北京
11	国家电网有限公司	第六届中国能源产业发展年会	中国能源报、中国能源研究会	2023 年 6 月	中国北京
12	国家电网有限公司	第二届国际气象经济高峰论坛	世界气象组织	2023 年 9 月	中国北京
13	国家电网有限公司	"The Road to COP28：可持续发展与气候行动"企业家座谈会	世界可持续发展工商理事会	2023 年 6 月	中国北京
14	中国南方电网有限责任公司	第五届中日韩电力企业高峰会	韩国电力交易所	2023 年 9 月	韩国济州岛
15	中国南方电网有限责任公司	第24 届东亚及西太平洋电力工业协会大会（简称"亚太电协大会"）	东亚及西太平洋电力工业协会、中国电力企业联合会主办，18 家中国主要电力企业及单位联合主办	2023 年 10 月	中国福建厦门
16	中国华能集团有限公司	世界经济论坛第十四届新领军者年会	世界经济论坛	2023 年 6 月	中国天津
17	中国华能集团有限公司	博鳌亚洲论坛 2023 年年会	博鳌亚洲论坛	2023 年 3 月	中国海南博鳌
18	中国华能集团有限公司	世界经济论坛 2023 年年会	世界经济论坛	2023 年 1 月	瑞士达沃斯

序号	所属集团	会议名称	主办方	举办时间	举办地点
19	中国华能集团有限公司	第 24 届亚太电协大会	东亚及西太平洋电力工业协会、中国电力企业联合会主办，18 家中国主要电力企业及单位联合主办	2023 年 10 月	中国福建厦门
20	中国大唐集团有限公司	2023 年 APEC 工商领导人峰会	亚太经合组织	2023 年 11 月	美国旧金山
21	中国大唐集团有限公司	第 28 届联合国气候变化大会	阿拉伯联合酋长国	2023 年 11 月	阿联酋迪拜
22	中国大唐集团有限公司	首届中国国际供应链博览会	中国国际贸易促进委员会	2023 年 11 月	中国北京
23	中国大唐集团有限公司	第 24 届亚太电协大会	东亚及西太平洋电力工业协会、中国电力企业联合会主办，18 家中国主要电力企业及单位联合主办	2023 年 10 月	中国福建厦门
24	中国大唐集团有限公司	第 16 届中国—拉美企业家高峰会	中国国际贸易促进委员会、北京市人民政府	2023 年 11 月	中国北京
25	中国大唐集团有限公司	第六届中国国际进口博览会	中国商务部、上海市人民政府	2023 年 11 月	中国上海
26	中国大唐集团有限公司	第七届中阿能源合作大会	中国国家能源局、阿拉伯国家联盟秘书处、海南省人民政府	2023 年 9 月	中国海南海口
27	中国大唐集团有限公司	首届中国—盟清洁能源合作周	中国国家能源局、海南省政府、印度尼西亚能源与矿产资源部	2023 年 9 月	中国海南海口
28	中国大唐集团有限公司	第三届"一带一路"国际合作高峰论坛	中国国家发展和改革委员会	2023 年 10 月	中国北京
29	中国大唐集团有限公司	中国—印度尼西亚工商论坛	中国商务部、印尼海洋与投资统筹部	2023 年 10 月	中国北京
30	中国大唐集团有限公司	第一届沙特阿拉伯—中国能源论坛	沙特能源部	2023 年 10 月	中国北京
31	中国大唐集团有限公司	2023 年全球贸易投资促进峰会	中国国际贸易促进委员会	2023 年 5 月	中国北京
32	中国大唐集团有限公司	中国（北京）国际服务贸易交易会	中国商务部、北京市人民政府	2023 年 9 月	中国北京
33	中国大唐集团有限公司	第 20 届中国—东盟博览会	中国和东盟 11 国政府经贸主管部门及东盟秘书处	2023 年 9 月	中国广西南宁
34	中国大唐集团有限公司	中国—中亚峰会及中国—中亚五国实业家委员会成立大会	中国国际贸易促进委员会、陕西省人民政府	2023 年 5 月	中国陕西西安
35	中国大唐集团有限公司	2023 庐山全球商界精英大会	江西省人民政府	2023 年 9 月	中国江西庐山
36	中国大唐集团有限公司	2023 年 APEC 工商领导人中国论坛	中国国际贸易促进委员会、中国国际商会	2023 年 6 月	中国北京
37	中国大唐集团有限公司	博鳌亚洲论坛 2023 年年会	博鳌亚洲论坛	2023 年 3 月	中国海南博鳌

序号	所属集团	会议名称	主办方	举办时间	举办地点
38	中国华电集团有限公司	"一带一路"国际合作高峰论坛	中国国家发展和改革委员会	2023 年 10 月	中国北京
39	中国华电集团有限公司	2023 全球能源互联网大会	全球能源互联网发展合作组织	2023 年 9 月	中国北京
40	中国华电集团有限公司	第 20 届中国—东盟博览会	中国和东盟 11 国政府经贸主管部门及东盟秘书处	2023 年 9 月	中国广西南宁
41	中国华电集团有限公司	第六届中国国际进口博览会	中国商务部、上海市人民政府	2023 年 11 月	中国上海
42	中国华电集团有限公司	COP28 中国角边会	中国华电集团有限公司	2023 年 12 月	阿联酋迪拜
43	中国华电集团有限公司	第 24 届亚太电协大会	东亚及西太平洋电力工业协会、中国电力企业联合会主办，18 家中国主要电力企业及单位联合主办	2023 年 10 月	中国福建厦门
44	中国华电集团有限公司	第十一届中德经济技术合作论坛	中国国家发展改革委与德国经济和气候保护部	2023 年 6 月	德国柏林
45	国家能源投资集团有限责任公司	中南新能源投资合作大会	中国机电产品进出口商会、南非—中国经贸协会和南非投资署共同主办	2023 年 6 月	南非约翰内斯堡
46	国家能源投资集团有限责任公司	Renewable Greece 希腊新能源大会	The Voice of Renewables 希腊之声	2023 年 4 月	希腊
47	国家能源投资集团有限责任公司	第 24 届亚太电协大会	东亚及西太平洋电力工业协会、中国电力企业联合会主办，18 家中国主要电力企业及单位联合主办	2023 年 10 月	中国福建厦门
48	国家能源投资集团有限责任公司	第五届中俄能源商务论坛	俄罗斯石油股份公司	2023 年 10 月	中国北京
49	国家能源投资集团有限责任公司	"一带一路"国际合作高峰论坛企业家大会	中国国际贸易促进委员会	2023 年 10 月	中国北京
50	国家能源投资集团有限责任公司	博鳌亚洲论坛 2023 年年会	博鳌亚洲论坛官方	2023 年 3 月	中国海南博鳌
51	国家能源投资集团有限责任公司	世界经济论坛 2023 年年会	世界经济论坛官方	2023 年 1 月	瑞士达沃斯
52	国家电力投资集团有限公司	中马产能与投资合作	中国国家发展改革委国际合作中心	2023 年 12 月	马来西亚吉隆坡、关丹
53	国家电力投资集团有限公司	2023 年世界水电大会	IHA 国际水电协会、印尼政府	2023 年 10 月	印度尼西亚巴厘岛

序号	所属集团	会议名称	主办方	举办时间	举办地点
54	国家电力投资集团有限公司	中国—东盟清洁能源合作周	中国国家能源局、海南省政府和印度尼西亚能源与矿产资源部	2023 年 9 月	中国海南海口
55	国家电力投资集团有限公司	可持续与可再生能源论坛	马来西亚砂捞越能源集团	2023 年 9 月	马来西亚砂劳越古晋
56	国家电力投资集团有限公司	菲律宾总统商务圆桌会议	中国商务部、菲律宾驻华大使馆	2023 年 1 月	中国北京
57	国家电力投资集团有限公司	东盟能源部长会议及其相关会议和东盟能源商业论坛	东盟能源中心、印度尼西亚能矿部	2023 年 8 月	印度尼西亚巴厘岛
58	国家电力投资集团有限公司	第 24 届亚太电协大会	东亚及西太平洋电力工业协会、中国电力企业联合会主办，18 家中国主要电力企业及单位联合主办	2023 年 10 月	中国福建厦门
59	国家电力投资集团有限公司	第三届"一带一路"国际合作高峰论坛及配套活动	中国国家发展和改革委员会	2023 年 10 月	中国北京
60	国家电力投资集团有限公司	国际原子能机构（IAEA）第 67 届大会	国际原子能机构	2023 年 9 月	奥地利维也纳
61	国家电力投资集团有限公司	2023 年世界水电大会	IHA 国际水电协会、印尼政府	2023 年 10 月	印度尼西亚巴厘岛
62	国家电力投资集团有限公司	第八届"一带一路"高峰论坛	中国香港特区政府、中国香港贸发局	2023 年 9 月	中国香港
63	国家电力投资集团有限公司	第三届"一带一路"能源合作伙伴关系论坛	中国国家能源局	2023 年 5 月	中国福建厦门
64	国家电力投资集团有限公司	第二十八届联合国气候变化大会（COP28）"'中国角'清洁能源促进绿色转型"主题边会	中国生态环境部	2023 年 12 月	阿联酋迪拜
65	国家电力投资集团有限公司	全球共享发展行动论坛首届高级别会议气候变化与绿色发展分论坛	中国国家国际发展合作署	2023 年 7 月	中国北京
66	国家电力投资集团有限公司	2023 年国际能源变革论坛及亚洲绿色低碳发展圆桌大会	中国国家能源局、江苏省人民政府及国际可再生能源署（IRENA）	2023 年 9 月	中国江苏苏州
67	国家电力投资集团有限公司	2023 年国际能源变革论坛	中国国家能源局、江苏省人民政府和国际可再生能源署	2023 年 9 月	中国江苏苏州

序号	所属集团	会议名称	主办方	举办时间	举办地点
68	国家电力投资集团有限公司	第三届澜湄水资源合作论坛	中国水利部	2023 年 9 月	中国北京
69	中国长江三峡集团有限公司	2023 北京国际风能大会暨展览会（CWP2023）	中国可再生能源学会风能专业委员会	2023 年 10 月	中国北京
70	中国长江三峡集团有限公司	第 28 届联合国气候变化大会（COP28）《联合国气候变化框架公约》第 28 次缔约方大会	阿联酋政府	2023 年 12 月	阿联酋迪拜
71	中国长江三峡集团有限公司	水电 2023（HYDRO 2023）年会	水电与大坝国际杂志	2023 年 10 月	英国爱丁堡
72	中国长江三峡集团有限公司	2023 中葡创新国际论坛	上海勘测设计研究院有限公司	2023 年 9 月	中国上海
73	中国长江三峡集团有限公司	国际水利与环境工程学会（IAHR）第 40 届世界大会	国际水利与环境工程学会	2023 年 8 月	奥地利
74	中国长江三峡集团有限公司	2023 年世界青年发展论坛	中华全国青年联合会和世界青年发展论坛组委会	2023 年 10 月	中国北京
75	中国长江三峡集团有限公司	国际大坝委员会（ICOLD）第 91 届年会	国际大坝委员会	2023 年 6 月	瑞典哥德堡
76	中国长江三峡集团有限公司	世界知识产权组织成员国大会第 64 届系列会议	世界知识产权组织	2023 年 7 月	瑞士日内瓦
77	中国长江三峡集团有限公司	水电可持续性标准交流会	国际水电协会	2023 年 11 月	印度尼西亚巴厘岛
78	中国长江三峡集团有限公司	2023 年柏林全球对话论坛	柏林全球对话论坛机构	2023 年 9 月	德国柏林
79	中国长江三峡集团有限公司	中国水力发电工程学会 2022 国际论坛	中国水力发电工程学会	2023 年 4 月	中国北京
80	中国长江三峡集团有限公司	亚欧基金第五届亚欧青年领导人峰会	亚欧基金	2023 年 9 月	西班牙萨拉曼卡
81	中国长江三峡集团有限公司	第四届国际大坝安全研讨会	中国大坝工程学会、美国大坝委员会、巴西大坝委员会和西班牙大坝委员会联合举办	2023 年 4 月	美国查尔斯顿

序号	所属集团	会议名称	主办方	举办时间	举办地点
82	中国长江三峡集团有限公司	2023 年世界水电大会	IHA 国际水电协会、印度尼西亚政府	2023 年 10 月	印度尼西亚巴厘岛
83	中国长江三峡集团有限公司	2023 全球能源互联网大会	全球能源互联网发展合作组织	2023 年 9 月	中国北京
84	中国长江三峡集团有限公司	第 24 届亚太电协大会	亚太电协、中国电力企业联合会、中国国内主要电力企业联合主办	2023 年 10 月	中国福建厦门
85	中国长江三峡集团有限公司	第六届亚太能源监管论坛	中国国家能源局	2023 年 11 月	中国广东深圳
86	中国长江三峡集团有限公司	第 18 届世界水资源大会	国际水资源学会、中国水利部	2023 年 9 月	中国北京
87	中国长江三峡集团有限公司	2023 年国际能源变革论坛	中国国家能源局、国际可再生能源署、江苏省人民政府	2023 年 9 月	中国江苏苏州
88	中国长江三峡集团有限公司	第 11 届中德经济技术合作论坛	中德政府	2023 年 6 月	德国柏林
89	中国长江三峡集团有限公司	第五届中国西部国际投资贸易洽谈会	中国商务部、水利部、国务院国资委,中国侨联、中国国际贸易促进委员会、重庆市人民政府	2023 年 5 月	中国重庆
90	内蒙古电力(集团)有限责任公司	内蒙古—蒙古国经贸项目洽谈	内蒙古自治区商务厅	2023 年 6 月	蒙古国乌兰巴托
91	内蒙古电力(集团)有限责任公司	第三届中国内蒙古—蒙古国投资贸易合作推介会	内蒙古自治区国资委、商务厅	2023 年 10 月	蒙古国乌兰巴托
92	内蒙古电力(集团)有限责任公司	2023 年东北亚电力联网与合作论坛	联合国亚太经社会、中国电力企业联合会、全球能源互联网合作组织	2023 年 11 月	中国北京
93	中国东方电气集团有限公司	第三届"一带一路"能源合作伙伴关系论坛	中国国家能源局、厦门市人民政府	2023 年 5 月	中国福建厦门
94	中国东方电气集团有限公司	中国国际服务贸易交易会	中国商务部、北京市人民政府	2023 年 9 月	中国北京
95	中国东方电气集团有限公司	第三届中非经贸博览会	中国商务部、湖南省人民政府	2023 年 6 月	中国湖南长沙

附录5　2023年中国主要电力企业参加的部分境内外国际展览情况

序号	所属集团	展览名称	举办时间	举办地点
1	中国电气装备集团有限公司	2023中东迪拜国际电力、照明及新能源展览会	2023年3月	阿联酋迪拜
2	哈尔滨电气集团有限公司	2023年墨西哥国际电力、照明及新能源展览会	2023年6月	墨西哥
3	中国南方电网有限责任公司	越南国际绿色能源及电力工业展览会	2023年7月	越南胡志明市
4	中国南方电网有限责任公司	第七届中国—南亚博览会暨第27届中国昆明进出口商品交易会	2023年8月	中国云南昆明
5	中国大唐集团有限公司	第20届中国—东盟博览会	2023年9月	中国广西南宁
6	国家能源投资集团有限责任公司	2023年印度尼西亚雅加达电力展览会	2023年9月	印尼雅加达
7	中国大唐集团有限公司	第四届中国—蒙古国博览会	2023年9月	中国内蒙古呼和浩特
8	中国长江三峡集团有限公司	2023世界水资源大会展览	2023年9月	中国北京
9	中国长江三峡集团有限公司	2023全球能源互联网大会	2023年9月	中国北京
10	中国电气装备集团有限公司	2023亚太新型电力系统暨储能技术展览会	2023年10月	中国福建厦门
11	中国长江三峡集团有限公司	2023年世界水电大会展览会	2023年10月	印尼巴厘岛
12	国家电力投资集团有限公司	第24届亚太电协大会展览会	2023年10月	中国福建厦门
13	中国大唐集团有限公司	首届中国国际供应链促进博览会	2023年11月	中国北京
14	国家电力投资集团有限公司	第六届中国国际进口博览会	2023年11月	中国上海
15	北京四方继保自动化股份有限公司	第11届北非石油能源国际贸易博览会	2023年11月	阿尔及利亚
16	中国东方电气集团有限公司	第48届菲律宾电力能源展览会	2023年11月	菲律宾马尼拉
17	国家电力投资集团有限公司	2023年法国世界核能工业展	2023年11月	法国巴黎

附录 6　2023 年中国主要电力企业参与的部分国际标准化工作情况

序号	所属集团	标准名称（中英文）及标准编号	标准制定机构名称
1	国家电网有限公司	Guide for Corrosion Inspection and Evaluation of High Voltage Direct Current（HVDC）Grounding Electrodes（±400 kV to ±1100 kV） 高压直流接地极腐蚀诊断与评估导则（±400kV～±1100kV）（IEEE P3192）	IEEE 美国电气电子工程师学会
2	国家电网有限公司	Guide for Test and Evaluation of on-board Lithium-based Batteries for Electric Vehicle（EV）Propulsion 车载动力电池检测与评估指南（IEEE P3365）	IEEE 美国电气电子工程师学会
3	国家电网有限公司	Guide for Terminology and Classification of Electric Vehicle Charging Robots 电动汽车充电机器人术语和分类（IEEE P3345）	IEEE 美国电气电子工程师学会
4	国家电网有限公司	Guide for General Requirements of Electric Vehicle Charging Robots 电动汽车充电机器人通用技术要求（IEEE P3346）	IEEE 美国电气电子工程师学会
5	国家电网有限公司	Guide for Synchronous Monitoring of the Magnitude and Distribution of Stray Current in Urban Rail Transit's Direct Current Traction System 城市轨道交通直流牵引系统杂散电流及分布同步监测技术导则（IEEE P2970）	IEEE 美国电气电子工程师学会
6	国家电网有限公司	Standard for Insulating Scissor-Type Platform for Live-Line Working 带电作业用剪叉式绝缘平台（IEEE P3194）	IEEE 美国电气电子工程师学会
7	国家电网有限公司	Recommended Practice for Use of an Unmanned Aerial Vehicle for Substation Inspection 变电站巡检无人机推荐使用方法（IEEE P3327）	IEEE 美国电气电子工程师学会
8	国家电网有限公司	Guide for Calibration of Energized Current Transformers for 34.5kV and Below 34.5kV 及以下电流互感器带电校准导则（IEEE PC57.13.10）	IEEE 美国电气电子工程师学会
9	国家电网有限公司	Guide for Online Evaluation Method of Electricity Meter Operating Error Based on Power Consumption Data Collection and Access 基于用电信息采集接入的电能表运行误差在线评估方法导则（IEEE P3159）	IEEE 美国电气电子工程师学会
10	国家电网有限公司	Guide for Data Transmission Interface of Smart Meters 智能表计数据传输接口技术导则（IEEE P3197）	IEEE 美国电气电子工程师学会
11	国家电网有限公司	Standard for Flexible Optical Service Unit（OSU Flex）of Passive Optical Network（PON）in Power Systems PON 无源光网络 OSU 光业务单元技术在电力行业应用（IEEE P2897）	IEEE 美国电气电子工程师学会
12	国家电网有限公司	Standard for Technical Requirement for the Maintenance of Multi-rotor Unmanned Aircraft Systems Used fro Power Grid Inspection 电网巡检用多旋翼无人机系统维护保养技术要求（IEEE P1936.4）	IEEE 美国电气电子工程师学会
13	国家电网有限公司	Guide for detection, Monitoring, And Evaluation of Winding Deformation in Liquid-Immersed Power Transformers 油浸式电力变压器绕组变形检测、监测及评估指南（IEEE PC57.141）	IEEE 美国电气电子工程师学会

序号	所属集团	标准名称（中英文）及标准编号	标准制定机构名称
14	国家电网有限公司	Guide for Drawing Regional Icing Maps for Overhead Transmission Lines 电网冰区分布图绘制导则（IEEE P3134）	IEEE 美国电气电子工程师学会
15	国家电网有限公司	Recommended Practice for Market-based Electric Vehicle Grid Integration 基于市场的电动汽车与电网互动技术规范（IEEE P3334）	IEEE 美国电气电子工程师学会
16	国家电网有限公司	Recommended Practice for Use of Wheeled Robots for Substation Inspection 变电站检测轮式机器人推荐使用方法（IEEE P3328）	IEEE 美国电气电子工程师学会
17	国家电网有限公司	Recommended Practice for Use of Infrared Online System for Substation Inspection 变电站红外在线检测系统推荐使用方法（IEEE P3326）	IEEE 美国电气电子工程师学会
18	国家电网有限公司	Guide for Vibration Tests for Aircraft Warning Marker Balls on Overhead Transmission Lines 架空输电线路航空警示球振动性能试验导则（IEEE P3336）	IEEE 美国电气电子工程师学会
19	国家电网有限公司	Recommended Practice for On-load Capacity Switching Distribution Transformers 有载调容配电变压器（IEEE PC57.12.210）	IEEE 美国电气电子工程师学会
20	国家电网有限公司	Technical Specifications on Power Metaverse: Use Cases Relevant to Grid Side and User Side 电力元宇宙用例技术规范：电网侧和用户侧（ITU-T FGMV-PMUC）	ITU-T 国际电信联盟电信标准分局
21	国家电网有限公司	Requirements and framework for computer vision-based anomaly detection service in wind farm 基于计算机视觉的风电场异常检测服务要求和框架（ITU-T F.CVADS）	ITU 国际电信联盟
22	国家电网有限公司	Use cases of edge computing based Internet of Things in smart energy 基于边缘计算的物联网智慧能源用例（ITU-T Y.4208）	ITU 国际电信联盟
23	国家电网有限公司	Requirements and framework of sound signal management and analysis based on artificial intelligence technology for electric equipment 基于人工智能技术的电力设备声纹数据管理分析的要求及框架（ITU-T F.AI-RFSSMA）	ITU 国际电信联盟
24	国家电网有限公司	Technical Specifications on Vocabulary for Metaverse 元宇宙术语规范（ITU-T FGMV-VM）	ITU 国际电信联盟
25	国家电网有限公司	Guidelines for metaverse application in energy power 能源元电力元宇宙应用指南（ITU-T FGMV-AEP）	ITU 国际电信联盟
26	国家电网有限公司	TR.Fcnsc: Framework for cloud native based security Collaboration mechanism among cloud service providers 基于云原生的云服务供应商安全协作机制框架（ITU-TR.Fcnsc）	ITU 国际电信联盟
27	国家电网有限公司	Functional requirements and reference architecture of artificial intelligence cloud platform for smart grid operation and maintenance 面向电网运维的人工智能云平台的功能需求与参考架构（ITU-T F.AICP-FRRC）	ITU 国际电信联盟

序号	所属集团	标准名称（中英文）及标准编号	标准制定机构名称
28	国家电网有限公司	requirements and framework of intelligent video surveillance platform for power grid infrastructure 电力基础设施智能视频监控平台需求和框架（ITU-TF.IVSP-PGI）	ITU 国际电信联盟
29	国家电网有限公司	framework and requirement of data sharing service platform for electric vehicle charging 电动车充电数据共享服务需求及框架（ITU-T F.VG-DS）	ITU 国际电信联盟
30	国家电网有限公司	General architecture for DLT-based virtual power plant operation platform 基于分布式账本的虚拟电厂运营平台参考架构（ITU-T F.DLT-VPPO）	ITU 国际电信联盟
31	国家电网有限公司	Method for Performance Monitoring of SRv6 Network SRv6 网络性能监测方法（ITU-T C143）	ITU 国际电信联盟
32	国家电网有限公司	Reference architecture for information tracing of renewable energy consumption based on distributed ledger technology 基于区块链的绿电消费信息溯源参考架构（ITU-T F.DLT-RECT）	ITU 国际电信联盟
33	国家电网有限公司	Framework of distributed ledger technology-based energy storage sharing systems 基于分布式账本的储能共享系统框架（ITU-T H.DLT-ESSS）	ITU 国际电信联盟
34	国家电网有限公司	Reciprocating internal combustion engine driven alternating current generating sets-Part 4：Controlgear and switchgear 往复式内燃机驱动交流发电机组的控制装置和开关设备（ISO 8528-4）	IEC 国际电工委员会
35	国家电网有限公司	Plastics-Ion exchange resin-Part 6：Determination of particle size by laser diffraction method 塑料　离子交换树脂　粒度检测激光衍射法（ISO/AWI 4907-4）	IEC 国际电工委员会
36	国家电网有限公司	Requirements of IoT-based Power Grid Communication Network 基于物联网的电力通信网络传输需求（ITU-T Y.PG COMNET）	ITU 国际电信联盟
37	国家电网有限公司	Key health indicators and evaluation model for power equipment in Smart Sustainable Cities 可持续智能城市的电力设备关键健康指数和评价模型（ITU-T Y.KHI-PE）	ITU 国际电信联盟
38	国家电网有限公司	A functional architecture of urban power supply facilities warning system 城市供电设施灾害预警系统功能架构（ITU-T Y.arc-upsfws）	ITU 国际电信联盟
39	国家电网有限公司	Data Exchange model for IoT devices in power transmission and transformation equipment 输变电装备中物联网设备数据交换模型（ITU-T Y.dem-IoT）	ITU 国际电信联盟
40	国家电网有限公司	Requirements and capability framework of energy storage service for residential community in smart city 智慧城市中住宅社区储能服务要求与能力框架（ITU-T Y.energy-storage）	ITU 国际电信联盟
41	国家电网有限公司	Requirements for log analysis with AI-enhanced management system AI 增强的管理系统日志分析需求（ITU-M.rla-AI）	ITU 国际电信联盟

续表

序号	所属集团	标准名称（中英文）及标准编号	标准制定机构名称
42	国家电网有限公司	Sustainable cities and communities-Use Cases on Net Zero Carbon Cities Pathways 城市和社区可持续发展：零碳城市路径案例（ISO TR 37115）	IEC 国际电工委员会
43	国家电网有限公司	Management framework for IoT-based distributed power equipment 电力设备感知装置的分布式物联网管理架构（ITU-T Y.IoT-DPE）	ITU 国际电信联盟
44	国家电网有限公司	Fiber reinforced plastics-cambered triangular thin wall rod-three point bending test 纤维增强复合材料弧边三角形薄壁杆——三点弯曲试验方法（ISO TR 24813）	IEC 国际电工委员会
45	国家电网有限公司	Electrical Energy Storage（EES）Systems-Part 3-200：Design principles of electrochemical based EES systems 电能存储（EES）系统　第3-200部分：电化学储能系统设计原则（IEC TR 62933-3-200）	IEC 国际电工委员会
46	国家电网有限公司	Guidelines of marine environment zonation for steel corrosion embedded in concrete 海洋环境钢筋混凝土结构暴露区域划分方法（ISO TR 22861.2）	IEC 国际电工委员会
47	国家电网有限公司	Low-voltage auxiliary power systems-Part 1-1：Terminology 低压辅助系统　第1-1部分：术语（IEC TS 63346-1-1）	IEC 国际电工委员会
48	国家电网有限公司	Robotics for electricity generation，transmission and distribution systems-Part 2-1：General Technical Requirements for UAS for Overhead Power Lines Inspection 用于发电、输电及配电系统的机器人技术　第2-1部分：架空电力线路巡检用无人机通用技术要求（IEC 63439-2-1）	IEC 国际电工委员会
49	国家电网有限公司	Corrosion of metals and alloys-Test Method for Corrosion of Conducting alloys in AC electric current condition 金属和合金的腐蚀　交流电条件下金属导体材料的腐蚀测试方法（ISO TR 22801）	IEC 国际电工委员会
50	国家电网有限公司	Conceptual Framework of Power System Resilience 电力系统韧性的概念框架（IEC TR 63515 ED1）	IEC 国际电工委员会
51	国家电网有限公司	Guideline for parameters measurement of HVDC transmission line 高压直流输电线路参数测试导则（IEC TC 63502）	IEC 国际电工委员会
52	国家电网有限公司	LVDC Systems：Technical report for low-voltage DC electric island power supply systems 低压直流系统　低压直流独立供电系统（IEC TR 63282-102）	IEC 国际电工委员会
53	国家电网有限公司	General Guidance on newable Energy Acquisition in Interconnected Electric Power Systems 面向互联电力系统的绿色电力获取　国际通用准则（IEC PWI TR 8C-8）	IEC 国际电工委员会
54	国家电网有限公司	Unit parameters and testing methods-Performance assessment test after site operation 电力储能系统设备参数和测试方法　电力储能系统运行性能测试（IEC TS 62933-2-3）	IEC 国际电工委员会
55	国家电网有限公司	UHV AC transmission systems-Part 401：Substation Maintenance 特高压交流输电系统　第401部分：变电站运维（IEC 63042-401）	IEC 国际电工委员会

续表

序号	所属集团	标准名称（中英文）及标准编号	标准制定机构名称
56	国家电网有限公司	Commissioning of VSC HVDC schemes 柔性直流系统调试规范（IEC TS 63336）	IEC 国际电工委员会
57	国家电网有限公司	Selection and interfacing of Instrument Transformers for wide bandwidth applications 适于宽频带应用的互感器的选型与接口（IEC TR 61869-106）	IEC 国际电工委员会
58	国家电网有限公司	Joint commissioning for grid-connection of offshore wind farms via VSC-HDVC transmission 柔直并网海上风电场联合调试技术规范（IEC TS 63487）	IEC 国际电工委员会
59	国家电网有限公司	High voltage direct current（HVDC）substation audible noise 高压直流换流站可听噪声（IEC TS 61973）	IEC 国际电工委员会
60	国家电网有限公司	UHV AC transmission systems-Part 301：On-site acceptance tests 特高压交流输电系统　第 301 部分：现场试验（IEC TS 63042-301）	IEC 国际电工委员会
61	中国华能集团有限公司	Corrosion of metals and alloys-Performance test method for corrosion inhibitors used in chemical cleaning of industry equipment 金属与合金的腐蚀　化学清洗腐蚀抑制剂评价方法（ISO 9813：2023）	ISO 国际标准化组织
62	中国华能集团有限公司	Multi-energy coupling system 多能智慧耦合能源系统（白皮书）	IEC 国际电工委员会
63	中国华能集团有限公司	Municipal solid waste to energy：coupled power generation with MSW 多源固废能源化：固废耦合发电系统（白皮书）	IEC 国际电工委员会
64	中国华能集团有限公司	Plastics-Lon exchange resin-Part 2：Determination of water content of anion exchange resins in hydroxide form by centrifugation 塑料　离子交换树脂　第 2 部分：氢氧型阴离子交换树脂交换容量测定方法（ISO 4907-2）	ISO 国际标准化组织
65	中国华能集团有限公司	Plastics-Lon exchange resin Part 3：Determination of exchange capacity of anion exchange resins in hydroxide form 塑料　离子交换树脂　第 2 部分：氢氧型阴离子交换树脂含水量测定方法（ISO 4907-3：2023）	ISO 国际标准化组织
66	中国华能集团有限公司	Plastics-Lon exchange resin Part 1：Determination of exchange capacity of acrylic anion exchange resins 塑料　离子交换树脂　第 2 部分：丙烯酸系阴离子交换树脂交换容量测定方法（ISO 4907-1：2023）	ISO 国际标准化组织
67	中国大唐集团有限公司	Guidelines for wastewater treatment and reuse in thermal power plants 火电厂废水处理与回用导则（ISO 4789：2023）	ISO 国际标准化组织
68	中国华电集团有限公司	Guidance on water conservation techniques of circulating cooling water in thermal power plants 火电厂循环水节水技术规范（ISO/TS 21152）	ISO 国际标准化组织
69	中国华电集团有限公司	Smart water management　Part 1：General guidelines and governance 智慧水务管理　第 1 部分：通用指南和治理（ISO 24591-1：2024）	ISO 国际标准化组织
70	中国华电集团有限公司	Guidelines for wastewater treatment and reuse in thermal power plants 热电厂废水处理和回用指南（ISO 4789：2023）	ISO 国际标准化组织

序号	所属集团	标准名称（中英文）及标准编号	标准制定机构名称
71	国家电力投资集团有限公司	Solar photovoltaic tracking systems-Part 1：Design qualification for horizontal one-axis solar tracking system 光伏太阳跟踪系统　第 1 部分：平单轴太阳跟踪系统设计鉴定（IEC62817-1）	IEC 国际电工委员会
72	国家电力投资集团有限公司	Wind energy generation systems　Part 31：Siting risk assessment 风力发电系统　第 31 部分：选址风险评估（IEC 61400-31：2023）	IEC 国际电工委员会
73	国家电力投资集团有限公司	Solar trackers-Safety requirements 光伏系统用太阳跟踪器　安全要求（IEC 63104）	IEC 国际电工委员会
74	国家电力投资集团有限公司	Microbeam Analysis-Electron Backscattered Electron Diffraction-Vocabulary 微束分析　电子背散射衍射　术语（ISO/AWI 23699）	ISO 国际标准化组织
75	国家电力投资集团有限公司	Photovoltaic（PV）system-Requirements for testing，documentation and maintenance-Part 4：Photovoltaic modules and plants-Outdoor Electroluminescence Imaging 光伏（PV）系统　测试、记录和维护要求　第 4 部分：光伏组件和设备户外电致发光成像（IEC 62446-4）	IEC 国际电工委员会
76	国家电力投资集团有限公司	Photogrammetric Technical Standard for Civil Light and Small Unmanned Aircraft Systems for Overhead Transmission Line Engineering 电网工程勘测设计民用轻小型无人机摄影测量技术要求（IEEE 1936.2-2023）	IEEE 美国电气电子工程师学会
77	国家电力投资集团有限公司	Wind energy generation systems-Part 50-4：Use of floating lidars for wind measurements 风力发电系统　第 50-4 部分：漂浮式激光雷达测风（IEC TS 61400-50-4）	IEC 国际电工委员会
78	国家电力投资集团有限公司	Nuclear facilities-Instrumentation and control，and electrical power systems-Artificial Intelligence applications 核设施　仪表、控制与电气系统　人工智能应用（IEC TR 63468：2023）	IEC 国际电工委员会
79	中国长江三峡集团有限公司	Solar thermal electric plants-Part 3-1：General requirements for the design of parabolic trough solar thermal electric plants 太阳能光热发电厂　第 3-1 部分：槽式太阳能光热发电厂设计总体要求（IEC 62862-3-1）	IEC 国际电工委员会
80	中国能源建设集团有限公司	Design of earth electrode stations for high-voltage direct current（HVDC）links-General guidelines 高压直流（HVDC）连接用接地电极站的设计　通用导则（IEC TS 62344：2013）	IEC 国际电工委员会
81	中国能源建设集团有限公司	UHV AC transmission systems-Part 201：UHV AC substation design 特高压交流输电系统　第 201 部分：特高压交流变电站设计规范（IEC TS 63042-201：2018）	IEC 国际电工委员会
82	中国能源建设集团有限公司	Guide for Overhead AC Transmission Line Design 交流架空输电线路设计导则（IEEE Std 1863™-2019）	IEEE 美国电气电子工程师学会

序号	所属集团	标准名称（中英文）及标准编号	标准制定机构名称
83	中国能源建设集团有限公司	UHV AC transmission systems-Part 202：UHV AC transmission line design 特高压交流输电系统　第 202 部分:特高压交流线路设计规范（IEC TS 63042-202：2021）	IEC 国际电工委员会
84	中国电气装备集团有限公司	High-voltage switchgear and controlgear-Part 318：DC gas-insulated metal-encolsed switchgear for rated voltages including and above 100 kV 高压开关设备和控制设备　第 318 部分：额定电压 100 kV 及以上直流气体绝缘金属封闭开关设备（IEC 62271-318）	IEC 国际电工委员会
85	中国电气装备集团有限公司	Electricity metering data exchange-The DLMS®/COSEM suite-Part 5-3：DLMS®/COSEM application layer 电测量数据交换 DLMS/COSEM 组件　第 5-3 部分：DLMS/COSEM 应用层（IEC 62056-5-3：2023）	IEC 国际电工委员会
86	中国电气装备集团有限公司	Electricity metering data exchange-The DLMS®/COSEM suite-Part 6-1：Object Identification System（OBIS） 电测量数据交换 DLMS/COSEM 组件　第 6-1 部分:对象标识系统（OBIS）（IEC 62056-6-1：2023）	IEC 国际电工委员会
87	中国电气装备集团有限公司	Demand-side power quality management 需求侧电能质量管理（IEC TS 63191：2023）	IEC 国际电工委员会
88	中国电气装备集团有限公司	Electrical energy meters-Test equipment，techniques and procedures-Part 1：Stationary meter test units（MTUs） 电能表试验设备、技术和程序　第 1 部分：固定式仪表试验装置（MTU）（IEC 62057-1：2023）	IEC 国际电工委员会
89	中国电气装备集团有限公司	Electricity metering data exchange-The DLMS®/COSEM suite-Part 8-12：Communication profile for Low-Power Wide Area Networks（LPWANs） 电测量数据交换　DLMS/COSEM 套件　第 8-12 部分：低功率广域网（LPWAN）的通信配置文件（IEC 62056-8-12：2023）	IEC 国际电工委员会
90	中国电气装备集团有限公司	Electricity metering data exchange-The DLMS®/COSEM suite-Part 6-2：COSEM interface classes 电测量数据交换 DLMS/COSEM 组件　第 6-2 部分：COSEM 接口类（IEC 62056-6-2：2023）	IEC 国际电工委员会
91	中国电气装备集团有限公司	Electrical safety in low voltage distribution systems up to 1000V AC and 1500V DC-Equipment for testing，measuring or monitoring of protective measures-Part 14：Equipment for testing the safety of electrical equipment of machinery 交流 1000V 和直流 1500V 及以下低压配电系统电气安全　防护措施的测试、测量或监控设备　第 14 部分：用于测试机械电气设备安全的设备（IEC 61557-14：2023）	IEC 国际电工委员会
92	中国电气装备集团有限公司	Electrical safety in low voltage distribution systems up to 1000V AC and 1500V DC-Equipment for testing，measuring or monitoring of protective measures-Part 16：Equipment for testing the effectiveness of the protective measures of electrical equipment and/or medical electrical equipment 交流 1000V 和直流 1500V 及以下低压配电系统电气安全　防护措施的测试、测量或监控设备　第 16 部分：测试电气设备和/或医疗电气设备的防护措施有效性的设备（IEC 61557-16：2023）	IEC 国际电工委员会

序号	所属集团	标准名称（中英文）及标准编号	标准制定机构名称
93	中国电气装备集团有限公司	Electrical safety in low voltage distribution systems up to 1000V AC and 1500V DC-Equipment for testing，measuring or monitoring of protective measures-Part 13：Hand-held and hand-manipulated current clamps and sensors for measurement of leakage currents in electrical distribution systems 交流 1000V 和直流 1500V 及以下低压配电系统电气安全　防护措施的测试、测量或监控设备　第 13 部分：配电系统中测量漏电流用手持式和手操作式电流钳及传感器（IEC 61557-13：2023）	IEC 国际电工委员会
94	中国电气装备集团有限公司	Electrical safety in low voltage distribution systems up to 1000V AC and 1500V DC-Equipment for testing，measuring or monitoring of protective measures-Part 9：Equipment for insulation fault location in IT systems 交流 1000V 和直流 1500V 及以下低压配电系统电气安全　防护措施的测试、测量或监控设备　第 9 部分：IT 系统绝缘故障点测定装置（IEC 61557-9：2023）	IEC 国际电工委员会
95	中国东方电气集团有限公司	Hydraulic machines，radial and axial-Methodology for performance transposition from model to prototype 水轮机模型到真机性能换算方法（IEC 62097-2019）	IEC 国际电工委员会
96	中国东方电气集团有限公司	Rotating electrical machines-Part 33：Synchronous hydrogenerators including motor-generators-Specific requirements 旋转电机　第 33 部分：同步水轮发电机（含发电电动机）基本技术要求（IEC 60034-33：2022）	IEC 国际电工委员会
97	中国东方电气集团有限公司	Hydraulic machines-Francis turbine pressure fluctuation transposition 水利机械　混流式水轮机压力脉动换算（IEC 62882：2020）	IEC 国际电工委员会
98	中国东方电气集团有限公司	Hydraulic turbines，storage pumps and pump-turbines-Rehabilitation and performance improvement 水轮机、蓄能泵和水泵水轮机-更新改造和性能改善（IEC 62256）	IEC 国际电工委员会
99	北京四方继保自动化股份有限公司	IEEE Guide for Control and Protection System Test of Hybrid Multi-terminal High Voltage Direct Current（HVDC）Systems IEEE 混合多端高压直流（HVDC）系统控制和保护系统试验指南（IEEE Std 2832™-2023）	IEEE 美国电气电子工程师学会

附录 7　2023 年中国主要电力企业对外直接投资部分项目情况

序号	所属集团	项目名称	国家（地区）	投资领域	投资模式	股权结构（股比）（%）	项目简况
1	国家电网有限公司	印尼高级智能计量系统项目	印度尼西亚	输变电	BOOT	100	该项目工程范围包括建设部署一套用电信息采集系统、居民和小型商业用户约 121 万只智能电能表、集中器、光纤及配套设备，项目地点分布在印度尼西亚爪哇－巴厘区域、苏门答腊岛及东印尼区域。我方负责系统架构设计、智能表计终端及主站系统的开发和部署、站勘、采购（含设备认证和试验）、安装、测试、调试、培训、数据计量服务及相应资产运维等工作

序号	所属集团	项目名称	国家（地区）	投资领域	投资模式	股权结构（股比）（%）	项目简况
2	中国大唐集团有限公司	印尼米拉务火电项目	印度尼西亚	煤电	BOOT	90.96	米拉务项目位于印度尼西亚苏门答腊岛亚齐省米拉务市附近，建设 45 万千瓦亚临界燃煤发电机组，总投资约 5.4 亿美元，项目以 BOOT 方式开发和运营，商业运营期 25 年。电站 3 号、4 号机组分别于 2023 年 6 月 25 日、9 月 29 日完成 96 小时满负荷试运，12 月 22 日米拉务公司取得印尼国家电力公司颁发的 COD 证书，顺利进入商业运营
3	中国华电集团有限公司	加拿大 PNW 项目	加拿大	矿产资源	并购投资	5	2023 年 1—12 月，PNW 项目上游累计钻井 89 口。2023 年 1—12 月天然气产量累计 2656 亿英尺³（约 75.2 亿米³）。华电权益约 133 亿英尺³（约 3.76 亿米³），完成年度指标 3.46 亿米³的 109%，项目产量达到预期；较去年同期增长约 11%，上游产量实现稳步增长
4	中国华电集团有限公司	印度尼西亚玻雅 2×660 兆瓦燃煤电站项目	印度尼西亚	煤电	BOOT	55	华电（印尼）玻雅 2×660 兆瓦坑口电站工程项目位于印度尼西亚南苏门答腊省穆拉埃宁（Muara Enim）县，距省会巨港约 220 千米。规划容量 2×660 兆瓦，本期拟新建 2×660 兆瓦超临界燃煤发电机组及配套 45 千米输电线路，属于坑口电厂。开发模式为 BOOT，运营期为 25 年，电价照付不议，实行煤电联动。2023 年 10 月 7 日，项目顺利实现商业运营
5	中国华电集团有限公司	柬埔寨西哈努克港 2×350 兆瓦燃煤电站项目	柬埔寨	煤电	新建投资	100	柬埔寨西哈努克港 2×350 兆瓦燃煤电站项目，位于柬埔寨西哈努克市东北约 15 千米。本期规划建设 2 台 350 兆瓦超临界燃煤机组。项目总投资 8.79 亿美元，BOO 模式开发
6	中国华电集团有限公司	越南得乐 4×50 兆瓦风电项目	越南	风电	新建投资	100	本工程分为 4 个独立的项目，分别是：越南得乐科荣布 1 号 50 兆瓦风电项目、越南得乐科荣布 2 号 50 兆瓦风电项目、越南得乐秋莱 1 号 50 兆瓦风电项目、越南得乐秋莱 2 号 50 兆瓦风电项目。4 个风电场拟安装 55 台单机容量为 2.65 兆瓦的风电机组，安装 18 台 3 兆瓦的风电机组，共 73 台，总规模为 199.75 兆瓦

序号	所属集团	项目名称	国家（地区）	投资领域	投资模式	股权结构（股比）（%）	项目简况
7	国家电力投资集团有限公司	保加利亚克里沃多尔（krivodol）30兆瓦光伏项目	保加利亚	太阳能	并购投资	51	上海电力（香港）股份有限公司与保加利亚斯玛特能源集团有限公司达成合作协议，同意共同出资按 51%：49%的股权比例成立赫曦智慧能源有限公司（以下简称"赫曦能源"）为，并通过赫曦能源共同收购并投资建设位于保加利亚弗拉察州的克里沃多 30 兆瓦光伏发电项目 赫曦能源将在克里沃多光伏发电项目推进至待建状态（Ready to build）后，收购该项目公司 100%股权。该项目总装机容量 31.15 兆瓦 DC，许可上网容量为 30 兆瓦 AC。目前尚处于前期开发状态，项目已获得达成 RTB 前的大部分证照，正在办理送出工程许可批复，预计于 2024 年 7 月前达到 RTB，2024 年四季度完成场站建设，2025 年第一季度实现全容量并网，并达到商业运营状态
8	国家电力投资集团有限公司	小其培水电站	缅甸	水电	建设一运营一移交（BOT）	80	国家电投小其培水电站装机容量 9.9 万千瓦，占缅北地区总装机的 70%，发电量约占 60%，保障了缅北 40 万人的日常用电所需
9	国家电力投资集团有限公司	土耳其胡努特鲁 2×660 兆瓦燃煤电厂项目	土耳其	煤电	新建投资	78.21	土耳其 EMBA（Electricity Production Inc.）公司负责开发、建设、运营土耳其胡努特鲁燃煤电厂项目，规划建设 2 台 660 兆瓦超超临界燃煤发电机组，同步建设烟气脱硫和脱硝装置，采用进口煤发电。厂址位于土耳其阿达纳省尤穆塔勒克市胡努特鲁村，地处东地中海的伊斯肯德伦湾。本项目是中土两国建交以来中国在土耳其金额最大的直接投资项目，也是中国"一带一路"倡议和土耳其"中间走廊"计划相结合的重点项目。胡努特鲁项目的 EPC 总承包方为中电投工程有限公司和中航国际成套设备有限公司组成的联合体。项目已于 2019 年 9 月 22 日浇灌主厂房第一罐混凝土。 全面建设阶段完成的里程碑节点包括：2021 年 4 月 29 日，主厂房封闭止水完成；2021 年 10 月 16 日，一号汽轮机扣盖；2021 年 10 月 27 日，GIS 升压站受电一次成功等。2022 年 1 月 30 日，

续表

序号	所属集团	项目名称	国家（地区）	投资领域	投资模式	股权结构（股比）（%）	项目简况
9	国家电力投资集团有限公司	土耳其胡努特鲁 2×660 兆瓦燃煤电厂项目	土耳其	煤电	新建投资	78.21	2 号炉水压试验成功。2022 年 6 月 18 日，1 号机组首次满负荷 660 兆瓦，当日 12 时起投入商业运行，2 号机组于 10 月 3 日 15 时起进入商业运行。自此，项目两台机组均顺利投产，由基建期转为运营期，每年可向土耳其电网供应电力约 85 亿千瓦·时
10	国家电力投资集团有限公司	土耳其胡努特鲁混合电站光伏发电项目	土耳其	太阳能	新建投资	78.21	2022 年 9 月，土耳其 EMBA（Electricity Production Inc.）公司获得土耳其能监会批复建设 47.9 兆瓦光伏项目。EMBA 公司利用胡努特鲁燃煤电厂厂区内闲置土地、已有建构筑物屋顶以及厂区周边新增土地上，建设多能源发电的混合型发电。EMBA 公司正在全力推进胡努特鲁混合电厂光伏项目建设，其中一期 21 兆瓦已于 2023 年 5 月实现并网发电，较原定工期提前 3 个月实现全容量投产
11	国家电力投资集团有限公司	土耳其胡努特鲁混合电站光伏发电项目二期	土耳其	太阳能	新建投资	78.21	2022 年 9 月，土耳其 EMBA（Electricity Production Inc.）公司获得土耳其能监会批复建设 47.9 兆瓦光伏项目。EMBA 公司利用胡努特鲁燃煤电厂厂区内闲置土地、已有建构筑物屋顶以及厂区周边新增土地上，建设多能源发电的混合型发电。EMBA 公司正在推进胡努特鲁混合电厂光伏项目建设，其中一期 21 兆瓦已于 2023 年 5 月实现并网发电，较原定工期提前 3 个月实现全容量投产。2023 年 11 月，胡努特鲁电厂二期 25 兆瓦光伏项目实现全容量并网
12	国家电力投资集团有限公司	孟加拉国工业园区综合智慧能源项目	孟加拉国	太阳能	新建投资	51	五凌电力与合作方在孟加拉国设立零碳公司，以零碳公司为主体建设总规模 55 兆瓦工业园区综合智慧能源项目，计划在所选工业园区屋顶安装支架和光伏组件，工业园区基本位于达卡及迈门辛周边地区，所发电量由工业园区厂房业主全额收购，按购电协议约定支付电费。项目拟选用 550 瓦特峰值单晶硅组件，根据安装容量配置 50 千瓦或 100 千瓦的组串式逆变器，同时配套建设储能及充电桩示范项目。项目计划分批建设，已签署首批园区屋顶租赁协议和购电协议，2023 年开工建设，预计 2025 年全部投产

续表

序号	所属集团	项目名称	国家（地区）	投资领域	投资模式	股权结构（股比）（%）	项目简况
13	国家电力投资集团有限公司	孟加拉国科巴风电项目	孟加拉国	风电	新建投资	54	项目位于孟加拉国科巴市，装机容量为 66 兆瓦，采用 22 台单机容量 3 兆瓦远景风机。项目目前在建，预计 2024 年 3 月全部建成，运营期 20 年。五凌电力控股项目公司 54%股权
14	国家电力投资集团有限公司	孟加拉国蒙戈拉风电项目	孟加拉国	风电	新建投资	99	蒙戈拉风电项目位于孟加拉国西南部库尔纳区，根据与孟加拉国政府签署的购电协议，将全额收购蒙戈拉风电场所发电量。本项目装机规模 5.85 万千瓦，拟建设安装 13 台 EN-171/4.5 型风机、塔筒高度 145 米，配套升压站、场内道路及输电线路；风电场以 35 千伏集电线路接入场内新建的 132 千伏升压站，经 2 回 132 千伏电缆线路接入对侧变电站。项目预计 2025 年全部建成投产
15	国家电力投资集团有限公司	密松水电站	缅甸	水电	BOT	80	密松水电站总装机容量 6000 兆瓦，多年平均发电量 308.6 亿千瓦·时，总投资 539.8 亿元，资本金约 107.96 亿元，其余部分由银行贷款解决。工程计划 2009 年 12 月开工建设，2017 年实现首批机组投产发电，2018 年全部机组投产发电，因不可抗力因素搁置至今
16	国家电力投资集团有限公司	日本山口岩国 75 兆瓦光伏并购项目	日本	太阳能	并购投资	100	日本公司拟通过并购项目公司 100%股权＋100%TK 权的方式取得项目公司资产。项目位于日本山口岩岩国市，建设规模 98 兆瓦，土地性质为山林，土地面积 220 公顷
17	国家电力投资集团有限公司	日本福岛西乡村 76.5 兆瓦光伏发电项目	日本	太阳能	新建投资	100	逆变器容量为 76.5 兆瓦地面光伏电站，项目位于日本福岛县西白河郡。根据日本经济产业省 ID，项目交流侧容量为 76.5 兆瓦，直流侧建设规模 84.69 兆瓦峰值，采用 410 瓦特峰值单晶硅组件，组串式逆变器。项目前 18 年售电电价 40 日元/（千瓦·时）（不含税），第 19~20 年售电电价 7 日元/（千瓦·时）（不含税），合计售电年限 20 年

序号	所属集团	项目名称	国家（地区）	投资领域	投资模式	股权结构（股比）（%）	项目简况
18	国家电力投资集团有限公司	日本福岛西乡村 79.86 兆瓦光伏发电项目	日本	太阳能	新建投资	100	本项目厂址位于日本福岛县西白河郡西乡村，与福岛西乡村 76.5 兆瓦项目厂址相邻。本项目逆变器侧容量为 79.86 兆瓦，建设规模为 90.68 兆瓦峰值，采用 410 瓦特峰值单晶硅组件，组串式逆变器。项目前 17 年售电电价为 40 日元/（千瓦·时）（不含税），第 18～20 年售电电价为 40 日元/（千瓦·时）（不含税），售电年限共 20 年
19	国家电力投资集团有限公司	日本茨城县市原医院综合智慧能源一期项目	日本	太阳能	新建投资	100	项目建设规模为 166.43 千瓦峰值，逆变器容量为 154.95 千瓦，容配比为 1:1.1，同时配置一台 5 千瓦/10（千瓦·时）的 UPS。医院 6 栋建筑物屋顶，屋顶为钢筋混凝土结构且地形平坦，可利用面积约为 1580 米²
20	国家电力投资集团有限公司	日本茨城县市原医院综合智慧零碳电厂项目	日本	太阳能	新建投资	100	二期规模为 197.58 千瓦峰值，逆变器容量为 150 千瓦，容配比为 1:1.32，医院新建大楼屋顶以及部分停车场区域，大楼屋顶为钢筋混凝土结构且地形平坦，可利用面积约为 1125 米²
21	国家电力投资集团有限公司	日本青森东北町 10 兆瓦光伏并购项目	日本	太阳能	并购投资	100	项目建设规模为 11.28 兆瓦峰值，逆变器容量 10 兆瓦，容配比为 1:1.13。项目场址位于青森县东北町（东经 141.04°，北纬 40.83°），土地性质为山林，土地面积 262411 米²
22	中国长江三峡集团有限公司	埃及约旦（Catalyst）光伏股权收购项目	埃及约旦	太阳能	并购投资	100	Catalyst 项目包含四个光伏项目公司，分别为埃及 65 兆瓦 SPEE 项目、约旦 23.1 兆瓦 Falcon Ma'an 项目、约旦 10.08 兆瓦 Shamsuna 项目和约旦 11.2 兆瓦 Eagle 项目，均为 100%股权，总装机 10.94 万千瓦。均已投入商业运营
23	中国长江三峡集团有限公司	墨西哥太阳能源光伏（Kinich）项目	墨西哥	太阳能	并购投资	100	本项目标的资产为西班牙 X－Elio 公司在墨西哥境内所属的 5 个光伏电站，总装机 62.8 万千瓦。拟售资产为目前墨西哥第四大运营光伏资产组合，项目均签署有长期美元 PPA
24	中国长江三峡集团有限公司	巴基斯坦卡洛特项目	巴基斯坦	水电	BOT	70	电站全面投产，主体工程基本完建，剩余少量尾工和缺陷正在处理，预计于 2023 年全部完成

序号	所属集团	项目名称	国家（地区）	投资领域	投资模式	股权结构（股比）（%）	项目简况
25	中国长江三峡集团有限公司	秘鲁 Arrow 光伏项目	秘鲁	太阳能	并购投资	100	路德斯公司从卖方日本 Sojitz 集团收购秘鲁两座已投产光伏电站 100%股权，装机规模合计 4 万千瓦。项目于 2023 年 3 月 29 日完成签约，通过秘鲁反垄断审查后，于 2023 年 10 月 12 日完成交割
26	中国长江三峡集团有限公司	西班牙 Roadrunner 光伏股权收购项目	西班牙	太阳能	并购投资	100	Roadrunner 项目装机容量总计 61.88 万千瓦，下设 6 个项目公司
27	中国长江三峡集团有限公司	西班牙弗洛雷斯（Flores）陆上风电项目	西班牙	风电	并购投资	100	Flores 项目包含 La Janda 和 Serra Voltarera 两个项目公司，持有 12 座陆上风电场，其中 11 座风电场集中在西班牙南部安达卢西亚地区，1 座风电场位于东北部加泰罗尼亚地区，总装机 18.16 万千瓦。葡电新能源持有项目 100%股权，通过一对一谈判方式向我司出售项目 100%股权
28	中国电力建设集团有限公司	印尼雅万高铁项目	印度尼西亚	交通基础设施	参股投资	12	印度尼西亚雅万高铁项目，线路全长 142.3 千米，采用中国标准，设计时速 350 千米。项目采用 BOT 模式，计划工期 36 个月，特许经营期 50 年（含建设工期）； 项目计划总投资 60.71 亿美元（约 400 亿元人民币），股债比为 25%：75%。资本金总额 15.18 亿美元，银行贷款总额 45.53 亿美元，由中国国家开发银行提供； 项目目前处于建设期，于 2018 年 6 月 9 日开工建设，于 2023 年 10 月 17 日正式运营
29	中国电力建设集团有限公司	孟加拉国巴瑞萨燃煤电站项目	孟加拉国	煤电	参股投资	96	巴瑞萨燃煤电站项目位于孟加拉国南部 Barguna 地区，紧邻孟加拉湾，亦毗邻孟加拉国政府规划建设的深水港 Payra Port 区域。电站装机容量 350 兆瓦，净装机容量为 307 兆瓦，采用超临界机组，进口燃煤，新建专用供煤码头，机组采用二次循环冷却系统，石灰石湿法脱硫工艺，污染物排放满足孟加拉国和世行环境保护标准，电力出线以 400 千伏交流并网； 项目总投资估算约 6.69 亿美元，建设工期 56 个月，年上网发电量约为 22.75 亿千瓦·时，运营期 25 年；

续表

序号	所属集团	项目名称	国家（地区）	投资领域	投资模式	股权结构（股比）（%）	项目简况
29	中国电力建设集团有限公司	孟加拉国巴瑞萨燃煤电站项目	孟加拉国	煤电	参股投资	96	巴瑞萨项目于 2022 年 12 月 31 日通过 168 小时满负荷试运行。2023 年 4 月 18 日，发电公司收到孟加拉国电力发展局（BPDB）颁发的商业运营（COD）证书，证书明确自 2023 年 1 月 1 日 0 时起，巴瑞萨电站正式进入商业运营
30	中国电力建设集团有限公司	巴西玛瑞蒂光伏项目	巴西	太阳能	新建投资	100	巴西 Mauriti 光伏项目并网总装机容量为 343.77 兆瓦（AC），直流侧装机容量为 425.7 兆瓦峰值，共包含 9 个子项目。项目位于巴西东北部塞阿拉州 Mauriti 市周边，拟新建一座 230 千伏升压站，通过约 14.7 千米的 230 千伏输电线路 π 接至 230 千伏输电线上。目前 9 个子项目已全部开工建设，部分已开始光伏组件安装
31	中国电力建设集团有限公司	缅甸皎漂燃气–蒸汽联合循环电站项目	缅甸	气电	BOT	75	缅甸皎漂燃气电站项目位于缅甸西部若开邦皎漂镇，采用燃气—蒸汽联合循环技术，供电容量约为 135 兆瓦，以 BOT 模式开发。本项目购电方为缅甸电力与能源部，燃料由电力与能源部免费提供，土地为政府所有且通过《土地租赁协议》出租给项目公司。项目总投资约 1.9 亿美元，建设期 24 个月，建成后年上网发电量约 10 亿千瓦·时，运营期 25 年
32	中国能源建设集团有限公司	乌兹别克斯坦卡什卡达里亚州尼松光伏项目	乌兹别克斯坦	太阳能	BOT	100	项目位于卡什卡达里亚州尼松区北侧 28 千米，距离州首府卡尔希市约 52 千米。根据能建所属东北院完成的项目可行性研究报告，直流侧容量 603.6 兆瓦峰值，容配比约为 1.2，项目厂址区域面积 894 公顷。预计项目总投资约 3.24 亿美元，其中 EPC 价格约 3.01 亿美元。首年发电量为 12.76 亿千瓦·时，年利用小时数 2116 小时。项目拟采用 N570 瓦特峰值及以上单晶双面双玻光伏组件（取决于实施时组件招标价格和供货情况）、平单轴跟踪支架，并新建 220 千伏升压站。项目工期为 17 个月

续表

序号	所属集团	项目名称	国家（地区）	投资领域	投资模式	股权结构（股比）（%）	项目简况
33	中国能源建设集团有限公司	乌兹别克斯坦布哈拉州卡拉乌巴扎尔光伏项目	乌兹别克斯坦	太阳能	BOT	100	项目位于乌兹布哈拉州卡拉乌巴扎尔区西北侧 5 千米，距离州首府布哈拉市约 50 千米。根据能建所属新疆院完成的项目可行性研究报告，直流侧容量 600.4 兆瓦峰值，容配比约为 1.2，项目厂址区域面积 997.2 公顷。预计项目总投资约 3.2 亿美元，其中 EPC 价格约 3.0 亿美元。首年发电量为 12.60 亿千瓦·时，年利用小时数 2099 小时。项目拟采用 N570 瓦特峰值及以上单晶双面双玻光伏组件（取决于实施时组件招标价格和供货情况）、平单轴跟踪支架，并新建 220 千伏升压站。项目建设期 17 个月
34	中国能源建设集团有限公司	巴基斯坦苏基克纳里水电站项目	巴基斯坦	水电	BOT	98	项目是国家"一带一路"倡议"中巴经济走廊"首批清单项目，位于巴基斯坦 KPK 省 Kunhar 河流域。项目为高水头、长隧洞引水式电站，全线长约 30 千米，电站布置 4 台冲击式机组，总装机容量为 88.4 万千瓦，由海投公司控股 78%，葛洲坝国际公司参股 20%，总投资额 19.62 亿美元，建设期 6 年，运营期 30 年

附录 8　2023 年中国主要电力企业对外承包工程项目情况

序号	所属集团	项目名称	国家（地区）	投资领域	投资模式
1	国家电网有限公司	乌兹国家电网公司一揽子输变电项目	乌兹别克斯坦	输变电	工程总承包 EPC
2	国家电网有限公司	埃塞大坝运维项目三期	埃塞俄比亚	输变电	工程总承包 EPC
3	国家电网有限公司	巴西伊泰普水电送出项目	巴西	输变电	工程总承包 EPC
4	国家电网有限公司	巴西塞拉达帕尔梅拉风电外送项目（变电）	巴西	输变电	工程总承包 EPC
5	国家电网有限公司	巴西阿里诺斯光伏综合体项目	巴西	输变电	工程总承包 EPC
6	国家电网有限公司	希腊 IPTOSerifos 150 千伏变电站总包项目	希腊	输变电	工程总承包 EPC
7	国家电网有限公司	智利 CGE 电能表供货及安装项目（北部地区）	智利	输变电	工程总承包 EPC

序号	所属集团	项目名称	国家（地区）	投资领域	投资模式
8	国家电网有限公司	智利 ENELDonHumberto、Mufas、Peuco 变电站项目	智利	输变电	工程总承包EPC
9	国家电网有限公司	智利切昆塔 AMI 及电能表项目（CASABLANCA 配电公司电能表供货）	智利	输变电	工程总承包EPC
10	国家电网有限公司	智利切昆塔 AMI 及电能表项目（LITORAL 配电公司电能表供货）	智利	输变电	工程总承包EPC
11	国家电网有限公司	智利切昆塔 AMI 及电能表项目（LuzlinaeresL 配电公司电能表供货）	智利	输变电	工程总承包EPC
12	国家电网有限公司	智利切昆塔 AMI 及电能表项目（Luzparral 配电公司电能表供货）	智利	输变电	工程总承包EPC
13	国家电网有限公司	沙特智能电能表项目第三年运维	沙特	输变电	工程总承包EPC
14	国家电网有限公司	泰国 MEA RD2－0022－WLZ Pathumwan 1.2 兆瓦·时	泰国	输变电	工程总承包EPC
15	中国电力建设集团有限公司	乌兹别克斯坦吉扎克（JIZZAKH）光伏电站 EPC 项目建安工程施工服务合同	乌兹别克斯坦	太阳能	施工总承包
16	中国电力建设集团有限公司	乌兹别克斯坦苏汉达林联合循环电站 EPC 项目	乌兹别克斯坦	气电	工程总承包EPC
17	中国电力建设集团有限公司	乍得恩贾梅纳 50 兆瓦光热＋50 兆瓦光伏发电项目	乍得	太阳能	工程总承包EPC
18	中国电力建设集团有限公司	乍得恩贾梅纳 50 兆瓦光热＋50 兆瓦光伏发电项目	乍得	太阳能	工程总承包EPC
19	中国电力建设集团有限公司	伊拉克库尔玛拉联合循环电站安装工程	伊拉克	气电	施工总承包
20	中国电力建设集团有限公司	俄罗斯萨哈（雅库特）共和国±800 千伏特高压输电线路工程	俄罗斯	输变电	工程总承包EPC
21	中国电力建设集团有限公司	几内亚洛法水电站修复和扩建工程项目	几内亚	水电	工程总承包EPC
22	中国电力建设集团有限公司	加纳 VRA 燃气电站搬迁项目一期－土建工程	加纳	气电	工程总承包EPC
23	中国电力建设集团有限公司	北加动力岛公辅标段工程建设工程施工合同	印度尼西亚	核电	施工总承包
24	中国电力建设集团有限公司	南非伊里库瓦 67.3 兆瓦光伏 EPC 项目	南非	太阳能	工程总承包EPC
25	中国电力建设集团有限公司	南非海卓光储能项目 EPC 合同	南非	太阳能	工程总承包EPC
26	中国电力建设集团有限公司	南非达姆拉格特光伏项目	南非	太阳能	工程总承包EPC
27	中国电力建设集团有限公司	印尼 OBI 动力岛海上循环水泵房、检修材料综合楼、脱硫系统施工项目	印度尼西亚	核电	施工总承包

序号	所属集团	项目名称	国家（地区）	投资领域	投资模式
28	中国电力建设集团有限公司	印尼北加电解铝配套设施项目	印度尼西亚	其他	施工总承包
29	中国电力建设集团有限公司	哈萨克斯坦赫罗姆陶 150 兆瓦风电项目	哈萨克斯坦	风电	工程承包＋融资（EPC＋F）
30	中国电力建设集团有限公司	哈萨克斯坦阿拉木图 2 号电站环保现代化改造（煤改气）项目	哈萨克斯坦	气电	工程总承包EPC
31	中国电力建设集团有限公司	哥伦比亚 Baranoa I 期 19.9 兆瓦（AC）光伏项目（EPC＋O&M）	哥伦比亚	太阳能	工程总承包EPC
32	中国电力建设集团有限公司	哥伦比亚 Escobales 100 兆瓦光伏项目	哥伦比亚	太阳能	工程总承包EPC
33	中国电力建设集团有限公司	哥伦比亚 Tepuy 光伏项目	哥伦比亚	太阳能	工程总承包EPC
34	中国电力建设集团有限公司	喀麦隆 Bafoussam 252 兆瓦光伏项目	喀麦隆	太阳能	工程总承包EPC
35	中国电力建设集团有限公司	塞尔维亚奥波沃 300 兆瓦光伏项目	塞尔维亚	太阳能	工程总承包EPC
36	中国电力建设集团有限公司	塞拉利昂 100 兆瓦光伏储能项目	塞拉利昂	太阳能	工程总承包EPC
37	中国电力建设集团有限公司	墨西哥麦斯科特风电场接地系统升级改造项目	墨西哥	风电	工程总承包EPC
38	中国电力建设集团有限公司	孟加拉国 55 兆瓦峰值屋顶光伏综合智慧能源项目	孟加拉国	太阳能	工程总承包EPC
39	中国电力建设集团有限公司	尼泊尔 360 兆瓦布达甘达吉水电站项目	尼泊尔	水电	工程总承包EPC
40	中国电力建设集团有限公司	巴基斯坦吉尔吉特 180 兆瓦双燃料电站项目	巴基斯坦	气电	工程总承包EPC
41	中国电力建设集团有限公司	巴基斯坦诺克尔 500 千伏变电站升级改造项目	巴基斯坦	输变电	工程总承包EPC
42	中国电力建设集团有限公司	巴西 Azulao 燃气电站土建项目	巴西	气电	施工总承包
43	中国电力建设集团有限公司	巴西 EDP 朗多尼亚输变电项目	巴西	输变电	工程总承包EPC
44	中国电力建设集团有限公司	巴西圣保罗 Barueri 垃圾电站项目	巴西	其他	工程总承包EPC
45	中国电力建设集团有限公司	摩洛哥朱尔夫项目	摩洛哥	其他	工程总承包EPC
46	中国电力建设集团有限公司	沙特 Jafurah 热电联产建安施工项目	沙特阿拉伯	气电	施工总承包
47	中国电力建设集团有限公司	沙特 Wadi Ad Dawsir 120 兆瓦光伏发电项目	沙特阿拉伯	太阳能	工程总承包EPC

续表

序号	所属集团	项目名称	国家（地区）	投资领域	投资模式
48	中国电力建设集团有限公司	沙特扎瓦尔联合循环电站运维项目	沙特阿拉伯	气电	运行维护
49	中国电力建设集团有限公司	沙特萨阿德 2 光伏总承包项目	沙特阿拉伯	太阳能	工程总承包 EPC
50	中国电力建设集团有限公司	沙特萨阿德 2 光伏总承包项目	沙特阿拉伯	太阳能	工程总承包 EPC
51	中国电力建设集团有限公司	波黑加茨科光伏电站 1 期项目	波黑	太阳能	工程总承包 EPC
52	中国电力建设集团有限公司	波黑加茨科光伏电站 2 期项目	波黑	太阳能	工程总承包 EPC
53	中国电力建设集团有限公司	泰国 500 千伏班萨潘 2–素叻他尼 2 输电线路项目	泰国	输变电	施工总承包
54	中国电力建设集团有限公司	泰国邦拉蒙 2 变电站项目	泰国	输变电	工程总承包 EPC
55	中国电力建设集团有限公司	津巴布韦伦敦桥能源有限公司 50 兆瓦光伏＋100 兆瓦·时储能项目	津巴布韦	太阳能	工程总承包 EPC
56	中国电力建设集团有限公司	津巴布韦南亿矿业 50 兆瓦光伏电站＋100 兆瓦·时电池储能项目	津巴布韦	太阳能	工程总承包 EPC
57	中国电力建设集团有限公司	津巴布韦圭洛 50 兆瓦光伏项目	津巴布韦	太阳能	工程总承包 EPC
58	中国电力建设集团有限公司	澳大利亚 Port Hedland Solar Farm 黑德兰港太阳能发电厂项目	澳大利亚	太阳能	施工总承包
59	中国电力建设集团有限公司	澳大利亚 Wollar Solar Farm 京能光伏场 EPC 项目合同 2	澳大利亚	太阳能	工程总承包 EPC
60	中国电力建设集团有限公司	玻利维亚 WarnesII 和 LaVentolera 风电工程总承包项目 EPC 合同	玻利维亚	风电	工程总承包 EPC
61	中国电力建设集团有限公司	菲律宾 WAWA 500 兆瓦抽蓄项目	菲律宾	水电	工程总承包 EPC
62	中国电力建设集团有限公司	菲律宾卡加延 120 兆瓦风电项目扩建工程	菲律宾	风电	工程总承包 EPC
63	中国电力建设集团有限公司	菲律宾吧塞布 Sembrano 风电场风机运输及安装标段	菲律宾	风电	施工总承包
64	中国电力建设集团有限公司	菲律宾塔林 Talim 风电场风机运输及安装标段	菲律宾	风电	施工总承包
65	中国电力建设集团有限公司	菲律宾塔纳万和马拉贡东 2×64.2 兆瓦光伏工程项目（EPC）	菲律宾	太阳能	工程总承包 EPC
66	中国电力建设集团有限公司	菲律宾塔纳万和马拉贡东 2×64.2 兆瓦光伏项目–offshore	菲律宾	太阳能	工程总承包 EPC
67	中国电力建设集团有限公司	菲律宾尼格罗省巴克洛德市巴戈 150 兆瓦风电项目	菲律宾	风电	工程总承包 EPC

序号	所属集团	项目名称	国家（地区）	投资领域	投资模式
68	中国电力建设集团有限公司	菲律宾尼格罗省巴克洛德市巴戈 150 兆瓦风电项目	菲律宾	风电	工程总承包EPC
69	中国电力建设集团有限公司	菲律宾尼格罗省巴克洛德市浦路潘丹 50 兆瓦风电项目	菲律宾	风电	工程总承包EPC
70	中国电力建设集团有限公司	菲律宾尼格罗省巴克洛德市浦路潘丹 50 兆瓦风电项目	菲律宾	风电	工程总承包EPC
71	中国电力建设集团有限公司	菲律宾电网继电保护更换三期工程（GPRRPP3）标段四	菲律宾	输变电	工程总承包EPC
72	中国电力建设集团有限公司	菲律宾萨马岛 201 兆瓦风暴风电场 BOP 项目	菲律宾	风电	工程总承包EPC
73	中国电力建设集团有限公司	菲律宾风暴（Storm）风电场风机运输及安装标段	菲律宾	风电	施工总承包
74	中国电力建设集团有限公司	越南咸良陆上风电项目	越南	风电	工程承包＋融资（EPC＋F）
75	中国电力建设集团有限公司	阿拉木图 2 号电站环保现代化改造（煤改气）项目	哈萨克斯坦	气电	工程总承包EPC
76	中国电力建设集团有限公司	阿根廷波德综合水利枢纽项目	阿根廷	水电	工程承包＋融资（EPC＋F）
77	中国能源建设集团有限公司	乌兹别克斯坦东方电气撒马尔罕光伏升压站项目施工合同	乌兹别克斯坦	太阳能	施工总承包
78	中国能源建设集团有限公司	乌兹别克斯坦东方电气撒马尔罕光伏升压站项目施工合同	乌兹别克斯坦	太阳能	施工总承包
79	中国能源建设集团有限公司	乌兹别克斯坦塔什干 200 兆瓦光伏项目	乌兹别克斯坦	太阳能	工程总承包EPC
80	中国能源建设集团有限公司	乌兹别克斯坦塔什干 400 兆瓦光伏500 兆瓦·时储能项目	乌兹别克斯坦	太阳能	工程总承包EPC
81	中国能源建设集团有限公司	乌兹别克斯坦塔什干 400 兆瓦光伏500 兆瓦·时储能项目	乌兹别克斯坦	太阳能	工程总承包EPC
82	中国能源建设集团有限公司	乌兹别克斯坦哈拉州卡拉乌巴扎尔 500 兆瓦光伏 EPC 总承包项目	乌兹别克斯坦	太阳能	工程总承包EPC
83	中国能源建设集团有限公司	乌兹别克斯坦布巴什风电项目输变电标段分包合同	乌兹别克斯坦	输变电	施工分包
84	中国能源建设集团有限公司	乌兹别克斯坦布赞克尔迪风电项目输变电标段分包合同	乌兹别克斯坦	输变电	施工分包
85	中国能源建设集团有限公司	乌兹别克斯坦撒马尔罕 100 兆瓦光伏电站项目	土耳其	太阳能	工程总承包EPC
86	中国能源建设集团有限公司	乌兹别克斯坦纳曼干州 500 兆瓦光伏设计项目	乌兹别克斯坦	太阳能	工程总承包EPC

序号	所属集团	项目名称	国家（地区）	投资领域	投资模式
87	中国能源建设集团有限公司	乌兹别克斯坦纳沃伊 250 兆瓦光伏项目设计合同	乌兹别克斯坦	太阳能	工程总承包 EPC
88	中国能源建设集团有限公司	乍得恩贾梅纳 400 兆瓦光伏项目	乍得	太阳能	工程总承包 EPC
89	中国能源建设集团有限公司	伊拉克运维项目伊拉克萨哈拉丁 2×630 兆瓦燃油气电站工程项目主机设备日常检修维护服务	伊拉克	气电	运行维护
90	中国能源建设集团有限公司	几内亚 400 兆瓦光伏电站项目—康康 200 兆瓦、玛姆 100 兆瓦和达博拉 100 兆瓦	几内亚	太阳能	工程总承包 EPC
91	中国能源建设集团有限公司	刚果（金）加丹加省 1 吉瓦光伏 EPC 项目	刚果（金）	太阳能	工程总承包 EPC
92	中国能源建设集团有限公司	刚果（金）加丹加省 1 吉瓦光伏项目	刚果（金）	太阳能	工程总承包 EPC
93	中国能源建设集团有限公司	南非乌莫伊兰加 115 兆瓦光伏 EPC 项目	南非	太阳能发电	工程总承包 EPC
94	中国能源建设集团有限公司	南非法电新能源乌莫 115 兆瓦光伏项目	南非	太阳能	工程总承包 EPC
95	中国能源建设集团有限公司	南非法电新能源莫伊 240 兆瓦光伏项目	南非	太阳能	工程总承包 EPC
96	中国能源建设集团有限公司	印度尼西亚东加里曼丹 PLTU EMBALUT 电厂 60 兆瓦燃煤机组汽轮机解体大修及发电机检查项目	印度尼西亚	煤电	施工分包
97	中国能源建设集团有限公司	印度尼西亚北苏省通达罗湖 200 兆瓦水面漂浮光伏 EPC 总承包项目	印度尼西亚	太阳能	工程总承包 EPC
98	中国能源建设集团有限公司	印度尼西亚 Bayan 煤业 Senyiur 码头光储微网项目	印度尼西亚	太阳能	工程总承包 EPC
99	中国能源建设集团有限公司	印度尼西亚南苏拉威西 JENEPONTO 电厂 2×135 兆瓦机组商业运行维护检修合同	印度尼西亚	煤电	运行维护
100	中国能源建设集团有限公司	印度尼西亚南苏拉威西 JENEPONTO 电厂 2×135 兆瓦机组商业运行维护检修合同	印度尼西亚	煤电	运行维护
101	中国能源建设集团有限公司	印度尼西亚大唐苏姆塞 2 号机组检修服务合同	印度尼西亚	煤电	运行维护
102	中国能源建设集团有限公司	印度尼西亚大唐苏姆塞 2 号机组检修服务合同	印度尼西亚	煤电	运行维护
103	中国能源建设集团有限公司	吉利普多 3A&3B 空预器蓄热元件更换合同	印度尼西亚	煤电	运行维护
104	中国能源建设集团有限公司	吉利普多 3A&3B 空预器蓄热元件更换合同	印度尼西亚	煤电	运行维护
105	中国能源建设集团有限公司	哈萨克斯坦 200 兆瓦光伏总承包项目合同	哈萨克斯坦	太阳能	工程总承包 EPC

序号	所属集团	项目名称	国家（地区）	投资领域	投资模式
106	中国能源建设集团有限公司	土耳其 50 兆瓦太阳能＋50 兆瓦·时储能电厂项目	土耳其	太阳能	工程总承包 EPC
107	中国能源建设集团有限公司	圭亚那奥罗拉金矿微网项目	圭亚那	太阳能	工程总承包 EPC
108	中国能源建设集团有限公司	埃及 Kom Ombo 500 兆瓦光伏项目	埃及	太阳能发电	设计＋采购总承包 EP
109	中国能源建设集团有限公司	埃及康翁波 200 兆瓦光伏电站项目	埃及	太阳能	工程总承包 EPC
110	中国能源建设集团有限公司	塞尔维亚 23.56 兆瓦光伏发电一期 EPC 总承包项目	塞尔维亚	太阳能	工程总承包 EPC
111	中国能源建设集团有限公司	孟加拉国博哈尔多利 200 兆瓦光伏项目	孟加拉国	太阳能	工程总承包 EPC
112	中国能源建设集团有限公司	孟加拉国坦盖尔 600 兆瓦光伏发电 EPC 总承包项目	孟加拉国	太阳能	工程总承包 EPC
113	中国能源建设集团有限公司	孟加拉国迈门辛 200 兆瓦农场光伏项目 EPC 总承包合同	孟加拉国	太阳能	工程总承包 EPC
114	中国能源建设集团有限公司	安格连 1320 兆瓦电站汽轮机&发电机供货合同	乌兹别克斯坦	其他	工程总承包 EPC
115	中国能源建设集团有限公司	安格连 1320 兆瓦电站项目 1 号锅炉供货合同	乌兹别克斯坦	其他	工程总承包 EPC
116	中国能源建设集团有限公司	安格连 1320 兆瓦电站项目 2 号锅炉供货合同	乌兹别克斯坦	其他	工程总承包 EPC
117	中国能源建设集团有限公司	尼日利亚星中源 150 兆瓦自备光伏电站项目	尼日利亚	太阳能	工程总承包 EPC
118	中国能源建设集团有限公司	尼日利亚洛科贾 300 兆瓦太阳能电站工程总承包合同	尼日利亚	太阳能	工程总承包 EPC
119	中国能源建设集团有限公司	尼日利亚翁多州 900 兆瓦燃气电站总承包项目	尼日利亚	气电	工程总承包 EPC
120	中国能源建设集团有限公司	尼日利亚翁多州 900 兆瓦燃气电站项目	尼日利亚	气电	工程承包＋融资（EPC＋F）
121	中国能源建设集团有限公司	尼日利亚翁多州 900 兆瓦联合循环燃气电站项目 EPC 工程	尼日利亚	气电	工程总承包 EPC
122	中国能源建设集团有限公司	尼日利亚马拉特克斯 1000 兆瓦燃气联合循环发电厂项目二期 800 兆瓦工程	尼日利亚	气电	工程承包＋融资（EPC＋F）
123	中国能源建设集团有限公司	巴西巴鲁埃里垃圾发电项目 EPC 合同	巴西	其他	工程总承包 EPC
124	中国能源建设集团有限公司	德国柏林 440 兆瓦屋顶光伏总承包项目	德国	太阳能	工程总承包 EPC
125	中国能源建设集团有限公司	新加坡 IWMF 垃圾焚烧电站 2×65 兆瓦项目汽机岛安装工程施工	新加坡	其他	施工总承包

序号	所属集团	项目名称	国家（地区）	投资领域	投资模式
126	中国能源建设集团有限公司	柬埔寨宝钢制罐项目光伏系统 EPC 总承包项目	柬埔寨	太阳能	工程总承包 EPC
127	中国能源建设集团有限公司	沙特 Taiba&Qassim 燃机项目 LNTP 协议	沙特阿拉伯	气电	工程总承包 EPC
128	中国能源建设集团有限公司	沙特卡西姆 1800 兆瓦燃气联合循环独立发电项目	沙特阿拉伯	气电	工程总承包 EPC
129	中国能源建设集团有限公司	沙特卡西姆 1800 兆瓦燃气联合循环独立发电项目	沙特阿拉伯	气电	工程总承包 EPC
130	中国能源建设集团有限公司	沙特阿尔舒巴赫光伏项目	沙特阿拉伯	太阳能发电	施工分包
131	中国能源建设集团有限公司	沙特阿尔舒巴赫光伏项目光伏区施工 D 标段（600 兆瓦）	沙特阿拉伯	太阳能	施工分包
132	中国能源建设集团有限公司	泰国呵叻府 3×90 兆瓦风电项目	泰国	风电	工程总承包 EPC
133	中国能源建设集团有限公司	津巴布韦卡里巴 1000 兆瓦水上光伏电站项目	津巴布韦	太阳能	工程总承包 EPC
134	中国能源建设集团有限公司	津巴布韦车古图及万基 100 兆瓦光伏项目	津巴布韦	太阳能	工程总承包 EPC
135	中国能源建设集团有限公司	澳大利亚南澳洲 Templers 储能离岸 EPC 项目	澳大利亚	太阳能	工程总承包 EPC
136	中国能源建设集团有限公司	突尼斯凯鲁万 100 兆瓦光伏项目 EPC 总承包合同	突尼斯	太阳能	工程总承包 EPC
137	中国能源建设集团有限公司	缅甸仰昂敏 110 兆瓦光伏发电项目	缅甸	太阳能	工程总承包 EPC
138	中国能源建设集团有限公司	缅甸果敢自治区老街县 50 兆瓦（一期 25 兆瓦）光伏发电项目 EPC 总承包合同	缅甸	太阳能	工程总承包 EPC
139	中国能源建设集团有限公司	缅甸羌马基 150 兆瓦光伏发电项目	缅甸	太阳能	工程总承包 EPC
140	中国能源建设集团有限公司	缅甸邦朗 130 兆瓦光伏发电项目	缅甸	太阳能	工程总承包 EPC
141	中国能源建设集团有限公司	罗马尼亚康斯坦察县白门工业园 46.2 兆瓦光伏＋9 兆瓦·时储能项目	罗马尼亚	太阳能	工程总承包 EPC
142	中国能源建设集团有限公司	肯尼亚巴林戈 80 兆瓦光伏＋160 兆瓦·时储能电站总承包项目	肯尼亚	太阳能	工程总承包 EPC
143	中国能源建设集团有限公司	肯尼亚巴林戈 80 兆瓦光伏储能项目	肯尼亚	太阳能	工程总承包 EPC
144	中国能源建设集团有限公司	芝拉扎电站 1 号机大修服务合同	印度尼西亚	煤电	运行维护
145	中国能源建设集团有限公司	芝拉扎电站 1 号机大修服务合同	印度尼西亚	煤电	运行维护

序号	所属集团	项目名称	国家（地区）	投资领域	投资模式
146	中国能源建设集团有限公司	菲律宾 PCPC 分布式光伏电站项目 EPC	菲律宾	太阳能	工程总承包 EPC
147	中国能源建设集团有限公司	菲律宾三描礼士省 75.2 兆瓦光伏发电工程项目	菲律宾	太阳能	设计＋采购总承包 EP
148	中国能源建设集团有限公司	菲律宾三描礼士省 75.2 兆瓦光伏总承包项目离岸合同	菲律宾	太阳能	工程总承包 EPC
149	中国能源建设集团有限公司	菲律宾维塔利 1 吉瓦光伏项目	菲律宾	太阳能	工程总承包 EPC
150	中国能源建设集团有限公司	费尔干那州 400 兆瓦电站主设备供货合同	乌兹别克斯坦	其他	工程总承包 EPC
151	中国能源建设集团有限公司	费尔干那州 400 兆瓦电站项目附属设备合同	乌兹别克斯坦	其他	工程总承包 EPC
152	中国能源建设集团有限公司	越南嘉莱亚赫拉 200 兆瓦风电项目 EPC 合同	越南	风电	工程总承包 EPC
153	中国能源建设集团有限公司	越南安江 1 号 500 兆瓦峰值水上光伏项目 EPC 总承包合同	越南	太阳能	工程总承包 EPC
154	中国能源建设集团有限公司	马来西亚 TANJUNG BIN 电站 100 兆瓦机组发电机机器人检查项目工程合同	马来西亚	煤电	运行维护
155	中国能源建设集团有限公司	马来西亚 TANJUNG BIN 电站 100 兆瓦机组发电机机器人检查项目工程合同	马来西亚	煤电	运行维护
156	中国能源建设集团有限公司	马来西亚玻璃市（PERLIS）260 兆瓦水面光伏总承包项目	马来西亚	太阳能	工程总承包 EPC
157	中国能源建设集团有限公司	马来西亚班达尔滕加拉 670 兆瓦峰值光伏及 1150 兆瓦·时储能电站一期 EPC 项目	马来西亚	太阳能	工程总承包 EPC
158	中国电气装备集团有限公司	突尼斯 Kondar 400/225 千伏，Skhira 400 千伏及 Thyna 225/150 千伏 EPC 项目	突尼斯	输变电	工程总承包 EPC
159	中国电气装备集团有限公司	水处理项目	埃及	输变电	工程总承包 EPC
160	中国电气装备集团有限公司	乌兹别克斯坦 NEGU 72 千米 500 千伏输电线路 EPC 项目	乌兹别克斯坦	输变电	工程总承包 EPC
161	中国电气装备集团有限公司	乌干达 MUTUKULA 自贸区太阳能发电项目	乌干达	太阳能	工程总承包 EPC
162	中国电气装备集团有限公司	加纳山东黄金 161 千伏输变电线路及变电站项目	加纳	输变电	工程总承包 EPC
163	中国电气装备集团有限公司	南苏丹伦克–帕洛奇–马拉卡尔 220 千伏输电工程项目	南苏丹	输变电	工程总承包 EPC
164	中国电气装备集团有限公司	印尼 10.936 兆瓦光伏项目	印度尼西亚	太阳能	工程总承包 EPC

序号	所属集团	项目名称	国家（地区）	投资领域	投资模式
165	中国电气装备集团有限公司	印度尼西亚南苏电气一体化项目	印度尼西亚	输变电	工程总承包EPC
166	中国电气装备集团有限公司	变电站总包	埃及	输变电	工程总承包EPC
167	中国电气装备集团有限公司	坦桑 G113－220/132/33 千伏 60/90MVA 变压器间隔扩建项目	坦桑尼亚	输变电	工程总承包EPC
168	中国电气装备集团有限公司	坦桑 G40 Makambako 站变压器间隔扩建项目	坦桑尼亚	输变电	工程总承包EPC
169	中国电气装备集团有限公司	坦桑 KIYUNGI 站扩建项目	坦桑尼亚	输变电	工程总承包EPC
170	中国电气装备集团有限公司	坦桑 W60－220 千伏线路及电站扩建项目	坦桑尼亚	输变电	工程总承包EPC
171	中国电气装备集团有限公司	坦桑尼亚 LUSU 站扩建项目	坦桑尼亚	输变电	工程总承包EPC
172	中国电气装备集团有限公司	坦桑尼亚 W28 电站 EPC 项目	坦桑尼亚	输变电	工程总承包EPC
173	中国电气装备集团有限公司	坦桑尼亚 W44－UNUNIO 站 GIS 项目	坦桑尼亚	输变电	工程总承包EPC
174	中国电气装备集团有限公司	埃塞俄比亚 LEMI 水泥厂供电项目	埃塞俄比亚	输变电	工程总承包EPC
175	中国电气装备集团有限公司	孟加拉 Dynamic Sun Energy 100 兆瓦光伏电厂 132 千伏	孟加拉国	太阳能	工程总承包EPC
176	中国电气装备集团有限公司	孟加拉国 RPCL 132 千伏线路投标项目	孟加拉国	输变电	工程总承包EPC
177	中国电气装备集团有限公司	希腊 Komnina 2×1 兆瓦光伏项目	希腊	太阳能	工程总承包EPC
178	中国电气装备集团有限公司	智利 CGE 公司 AMI 系统及智能电能表施工项目	智利	其他	施工总承包
179	中国电气装备集团有限公司	智利 CGE 居民老旧电能表更换项目	智利	其他	施工总承包
180	中国电气装备集团有限公司	智利 EDELMAG 公司 AMI 系统及智能电能表施工项目	智利	其他	施工总承包
181	中国电气装备集团有限公司	柬埔寨吴哥机场樐吕 230 千伏变电站新建工程	柬埔寨	输变电	工程总承包EPC
182	中国电气装备集团有限公司	澳电填海 A 区变电站电气设备成套项目	中国澳门	输变电	工程总承包EPC
183	中国电气装备集团有限公司	纳米比亚 Omburu 储能项目	纳米比亚	其他	工程总承包EPC

序号	所属集团	项目名称	国家（地区）	投资领域	投资模式
184	中国电气装备集团有限公司	越南后江省 18 兆瓦屋顶光伏	越南	太阳能	工程总承包 EPC
185	哈尔滨电气集团有限公司	土耳其 Eren 港码头防波堤升级改造项目	土耳其	其他	施工总承包
186	哈尔滨电气集团有限公司	土耳其 Progresiva 1000 兆瓦·时储能项目	土耳其	其他	工程总承包 EPC
187	哈尔滨电气集团有限公司	孟加拉国安瓦拉 590 兆瓦联合循环电站项目	孟加拉国	气电	设计＋采购总承包 EP
188	哈尔滨电气集团有限公司	巴基斯坦 DASU 765 千伏输变电项目（Lot 2）	巴基斯坦	输变电	工程总承包 EPC
189	哈尔滨电气集团有限公司	巴基斯坦 lucky 1×660 兆瓦电站运维服务项目	巴基斯坦	其他	运行维护
190	哈尔滨电气集团有限公司	蒙古国察干陶勒盖 3 台 200 兆瓦能源动力岛设计和设备供货项目	蒙古国	其他	设计＋采购总承包 EP
191	中国东方电气集团有限公司	乌兹别克斯坦吉扎克（Jizzakh）太阳能光伏项目	乌兹别克斯坦	太阳能	工程总承包 EPC
192	中国东方电气集团有限公司	乌兹别克斯坦撒马尔罕（Samarkand）太阳能光伏项目	乌兹别克斯坦	太阳能	工程总承包 EPC
193	中国东方电气集团有限公司	伊拉克祖拜尔燃机单循环改联和循环 EPC 项目	伊拉克	气电	工程总承包 EPC
194	中国东方电气集团有限公司	哈萨克斯坦 2 号电站环保现代化改造项目	哈萨克斯坦	气电	工程总承包 EPC
195	中国东方电气集团有限公司	塔吉克斯坦塞布佐水电项目	塔吉克斯坦	水电	设计＋采购总承包 EP
196	中国东方电气集团有限公司	泰国乌汶叻（Ubolratana）水面漂浮光伏电站总承包项目	泰国	太阳能	工程总承包 EPC
197	中国东方电气集团有限公司	缅甸坎印水电项目	缅甸	水电	设计＋采购总承包 EP
198	中国东方电气集团有限公司	越南达科民 1 水电项目	越南	水电	设计＋采购总承包 EP

附录 9　2023 年中国主要电力企业在海外履行社会责任部分情况

序号	所属集团	洲	项目所在国家（地区）	参与公益事业内容（含捐赠、捐助事项）
1	国家电网有限公司	美洲	巴西	推动巴西苦咸水淡化公益项目建成投产，组织积极开展对外宣介，入选联合国第四届"全球最佳减贫案例"，打造公司在巴西社会公益项目新名片
2	国家电网有限公司	亚洲	菲律宾	在菲律宾"光明乡村"一期社会公益项目基础上，积极组织推进开展二期项目，打造"光明乡村"品牌公益工程

续表

序号	所属集团	洲	项目所在国家（地区）	参与公益事业内容（含捐赠、捐助事项）
3	中国华能集团有限公司	欧洲	英国	华能集团锐拓公司向华能英国门迪储能项目所在区域议会进行年度捐赠工作
4	中国大唐集团有限公司	亚洲	印度尼西亚	捐助村庄老年人和孕妇治疗
5	中国大唐集团有限公司	亚洲	印度尼西亚	捐赠学校物资
6	中国大唐集团有限公司	亚洲	印度尼西亚	捐赠附近村庄印尼独立日物品
7	中国大唐集团有限公司	亚洲	印度尼西亚	捐赠村庄垃圾车
8	中国大唐集团有限公司	亚洲	印度尼西亚	捐赠附近 3 个村庄医疗
9	中国大唐集团有限公司	亚洲	印度尼西亚	捐助开斋节物品、食品
10	中国大唐集团有限公司	亚洲	印度尼西亚	捐赠村庄物品
11	中国大唐集团有限公司	亚洲	印度尼西亚	捐助足球友谊赛活动
12	中国大唐集团有限公司	亚洲	印度尼西亚	捐助社区诊所维修和扩建
13	中国大唐集团有限公司	亚洲	印度尼西亚	捐助珊瑚礁保护项目
14	中国大唐集团有限公司	亚洲	印度尼西亚	捐助学校活动
15	中国大唐集团有限公司	亚洲	印度尼西亚	捐助煲粥活动
16	中国大唐集团有限公司	亚洲	印度尼西亚	捐助斋月活动（企业社会责任项目）
17	中国大唐集团有限公司	亚洲	印度尼西亚	捐助儿童自行车
18	中国大唐集团有限公司	亚洲	印度尼西亚	捐助五十九周年活动
19	中国大唐集团有限公司	亚洲	印度尼西亚	捐助杜法斋月节活动
20	中国大唐集团有限公司	亚洲	印度尼西亚	捐助红树林种植项目
21	中国大唐集团有限公司	亚洲	印度尼西亚	捐助笼箱养鱼项目
22	中国大唐集团有限公司	亚洲	印度尼西亚	捐助安全周年活动
23	中国大唐集团有限公司	亚洲	印度尼西亚	捐赠村庄卫生保健，血压计等物品
24	中国大唐集团有限公司	亚洲	印度尼西亚	捐赠村庄食品、物品
25	中国大唐集团有限公司	亚洲	印度尼西亚	捐助国庆活动
26	中国大唐集团有限公司	亚洲	印度尼西亚	捐助摄影比赛
27	中国大唐集团有限公司	亚洲	印度尼西亚	捐赠村庄国庆节物品
28	中国大唐集团有限公司	亚洲	印度尼西亚	捐赠周围村庄修路材料
29	中国大唐集团有限公司	亚洲	印度尼西亚	捐赠 3 个村子物品
30	中国大唐集团有限公司	亚洲	印度尼西亚	捐助 3 个青年组织活动
31	中国大唐集团有限公司	亚洲	印度尼西亚	捐助小学关于刷牙活动

续表

序号	所属集团	洲	项目所在国家（地区）	参与公益事业内容（含捐赠、捐助事项）
32	中国大唐集团有限公司	亚洲	印度尼西亚	捐赠篮球组织衣服
33	中国大唐集团有限公司	亚洲	印度尼西亚	捐赠青年组织和童子军物品
34	中国大唐集团有限公司	亚洲	印度尼西亚	捐赠幼儿园物品
35	中国大唐集团有限公司	亚洲	印度尼西亚	捐助学校国庆节活动
36	中国大唐集团有限公司	亚洲	印度尼西亚	捐助青少年活动射击比赛
37	中国大唐集团有限公司	亚洲	印度尼西亚	捐赠村庄医疗中心物品
38	中国大唐集团有限公司	亚洲	印度尼西亚	捐赠学校书籍
39	中国大唐集团有限公司	亚洲	印度尼西亚	捐助村庄准备医疗活动
40	中国大唐集团有限公司	亚洲	柬埔寨	柬埔寨国家电力公司发电部扶贫物资款
41	中国大唐集团有限公司	亚洲	柬埔寨	参加柬埔寨公益事业，向柬埔寨红十字会捐款
42	中国大唐集团有限公司	亚洲	柬埔寨	柬华应用科技大学教育捐赠
43	中国大唐集团有限公司	亚洲	柬埔寨	帮扶救济菩萨省斯拉润村 19 户贫困户
44	中国大唐集团有限公司	亚洲	柬埔寨	向菩萨洛蒂西塔中学开展捐资助学活动
45	中国大唐集团有限公司	亚洲	缅甸	缅甸克钦协助难民委员会难民营重建
46	中国大唐集团有限公司	亚洲	缅甸	大唐缅甸太平江电站周边居民区火灾灾后重建
47	中国大唐集团有限公司	亚洲	老挝	到占芭村小学开展"大唐启明星课堂"活动并捐赠学习用品
48	中国大唐集团有限公司	亚洲	老挝	向老挝困难村占芭村开展"送温暖、献爱心"捐赠活动
49	中国大唐集团有限公司	亚洲	印度尼西亚	向纳甘拉亚市政府捐赠一次性口罩、N95 口罩
50	中国大唐集团有限公司	亚洲	印度尼西亚	向纳甘拉亚市村民捐赠一次性医用口罩、消毒洗手液
51	中国大唐集团有限公司	亚洲	印度尼西亚	向亚齐政府捐赠一次性口罩
52	中国华电集团有限公司	亚洲	印度尼西亚	印尼古尔邦节捐赠
53	中国华电集团有限公司	亚洲	柬埔寨	柬埔寨西港港华学校捐赠 3 万美元
54	中国华电集团有限公司	亚洲	印度尼西亚	捐赠牛羊
55	中国华电集团有限公司	亚洲	印度尼西亚	新加拉惹市建市 419 周年庆典捐赠
56	中国华电集团有限公司	亚洲	孟加拉国	孟籍员工确诊糖尿病和肾炎，当地医院建议定期进行体检和长期通过药物治疗
57	中国华电集团有限公司	亚洲	柬埔寨	当地（西哈努克港斯登豪县）社区建设，环保建设
58	中国华电集团有限公司	亚洲	柬埔寨	柬埔寨红十字会，募捐活动
59	中国华电集团有限公司	亚洲	越南	支持当地贫困户及困难家庭

序号	所属集团	洲	项目所在国家（地区）	参与公益事业内容（含捐赠、捐助事项）
60	中国华电集团有限公司	亚洲	印度尼西亚	为周边弱势社区免费安装电力装置
61	中国华电集团有限公司	欧洲	俄罗斯	伏尔加河鱼苗放流活动
62	中国华电集团有限公司	亚洲	柬埔寨	柬埔寨国家电力公司（基础设施改造和灾民救助）
63	中国华电集团有限公司	亚洲	柬埔寨	柬埔寨国公省蒙多西玛县道路建设和国公省代周赛技术职业中学照明建设
64	中国华电集团有限公司	亚洲	柬埔寨	柬埔寨菩萨省格罗格县（灾民救助）
65	中国华电集团有限公司	亚洲	柬埔寨	柬埔寨红十字会
66	中国华电集团有限公司	亚洲	越南	向越南平顺省 2023 年"借力助学"助学基金捐款
67	国家能源投资集团有限责任公司	美洲	加拿大	向原住民捐助基金
68	国家能源投资集团有限责任公司	亚洲	印度尼西亚	节日捐赠、卫生预防、公共设施捐修等
69	国家能源投资集团有限责任公司	欧洲	希腊	5 月 17 日，国家能源集团国华投资欧洲公司与希腊科莫蒂尼第十一小学联合举办"新能源进校园"活动。国家能源集团国华投资欧洲公司与校长马力诺思·康斯坦丁尼迪斯签署了《捐赠协议书》，向学校和学生们捐赠了教学物资和学习礼包
70	国家电力投资集团有限公司	大洋洲	基里巴斯	利用当地丰富的光照资源，在基里巴斯首都塔拉瓦 Tungaru 中心医院架设屋顶光伏，同时以电带水，以集装箱取水房的方式提供直饮水，供院内医护人员及病患饮用
71	国家电力投资集团有限公司	亚洲	缅甸	缅甸电站移民村相关医疗、教育、民生帮扶等
72	中国长江三峡集团有限公司	美洲	秘鲁	秘鲁里卡多·帕尔玛大学"三峡集团奖学金"
73	中国能源建设集团有限公司	亚洲	巴基斯坦	春季植树造林
74	中国能源建设集团有限公司	亚洲	乌兹别克斯坦	赴赞克尔迪村学校开展社区教育支持活动，为当地学生普及风电知识并捐赠了学习用品
75	中国能源建设集团有限公司	亚洲	乌兹别克斯坦	走进当地残疾儿童学校——纳沃伊第 25 学校，向困难学生赠送包括衣物、食品等在内的生活必需品
76	中国东方电气集团有限公司	亚洲	印度	向三家有资质的印度教育机构及公益机构以货币资金的形式直接进行捐赠
77	正泰集团股份有限公司	非洲	埃及	捐赠食物
78	正泰集团股份有限公司	非洲	乌干达	捐赠全套光伏系统
79	正泰集团股份有限公司	亚洲	越南	向高等技术学院捐赠配备正泰产品的电路板，并普及电工产品知识

附录10　2023 年中国主要电力企业国际业务受到的部分表彰与嘉奖

序号	所属集团	洲	奖项颁发机构国家（地区）	表彰与嘉奖内容	奖项颁发机构
1	中国华能集团有限公司	亚洲	巴基斯坦	2023 年度（第 20 届）环境卓越奖	巴基斯坦国家环境与健康论坛
2	中国华能集团有限公司	亚洲	巴基斯坦	中巴走廊共同繁荣突出贡献奖	巴基斯坦总理府
3	中国大唐集团有限公司	亚洲	印度尼西亚	社会责任荣誉奖	印尼南苏门答腊省政府
4	中国大唐集团有限公司	亚洲	印度尼西亚	企业社会责任 TOP CSR Awards 2023	顶级商业（top business）
5	中国大唐集团有限公司	亚洲	柬埔寨	2022 年度优秀基层党组织	驻柬埔寨使馆党委
6	中国华电集团有限公司	欧洲	俄罗斯	全俄劳动保护周竞赛第一名	俄罗斯劳动部
7	中国华电集团有限公司	亚洲	柬埔寨	社会责任杰出贡献奖	柬埔寨国公省
8	中国华电集团有限公司	亚洲	孟加拉国	solar project excellence awards best solar project of the year/光伏项目杰出奖（即年度最佳光伏项目奖）	Solar Quarter
9	中国华电集团有限公司	亚洲	柬埔寨	特殊贡献奖，高度赞扬西港为柬电力需求做出的贡献	柬埔寨国家电力公司
10	中国华电集团有限公司	亚洲	柬埔寨	企业卓越贡献奖	柬埔寨国家电力公司
11	中国华电集团有限公司	亚洲	柬埔寨	环保荣誉证书	柬埔寨环境部
12	中国华电集团有限公司	亚洲	柬埔寨	绿色发展杰出成就奖	柬埔寨国公省
13	中国华电集团有限公司	亚洲	柬埔寨	环保突出贡献奖	柬埔寨环保部
14	中国华电集团有限公司	欧洲	俄罗斯	俄罗斯联邦竞争性采购领导者竞赛中荣获"俄罗斯联邦采购经济效益进步奖"	俄罗斯 РБК 协会
15	中国华电集团有限公司	欧洲	俄罗斯	荣获 2022 年度全俄商业排行榜"行业领导者"称号	《ЕВРОКОНСАЛТИНГ》有限责任公司
16	中国华电集团有限公司	亚洲	印度尼西亚	CSR 项目表彰，印度尼西亚廖内群岛总督 Ansar Ahmad 先生向 TJK 公司颁发了该奖项，以表彰其企业社会责任资助和对该计划的贡献	印度尼西亚廖内群岛省政府
17	中国华电集团有限公司	亚洲	中华人民共和国	2022 年度电力行业优秀工程设计一等奖	中国电力规划设计协会
18	中国华电集团有限公司	亚洲	中华人民共和国	巴厘岛电厂"2023 年度海外安防优秀实践"称号	中国友谊促进会

续表

序号	所属集团	洲	奖项颁发机构国家（地区）	表彰与嘉奖内容	奖项颁发机构
19	中国华电集团有限公司	亚洲	越南	表扬信	越南国家电力调度中心
20	中国华电集团有限公司	亚洲	中华人民共和国	2022—2023 年度国家优质工程（境外）	中国施工企业管理协会
21	中国华电集团有限公司	亚洲	中华人民共和国	2023 年度中国电力优质工程	中国电力建设企业协会
22	中国华电集团有限公司	亚洲	印尼	中国驻印尼大使馆感谢信	中国驻印度尼西亚使馆
23	中国华电集团有限公司	亚洲	越南	消防优胜单位	越南茶荣省消防厅
24	中国华电集团有限公司	亚洲	越南	中国驻越南大使馆感谢信	中国驻越南使馆
25	国家能源投资集团有限责任公司	亚洲	印度尼西亚	西冷县健康关爱项目合作伙伴荣誉证书	万丹省西冷县县政府
26	国家能源投资集团有限责任公司	亚洲	印度尼西亚	亚洲电力 2023 年度印尼最佳 IPP 奖	亚洲电力奖评委会
27	国家能源投资集团有限责任公司	亚洲	印度尼西亚	亚洲电力 2023 年度印尼最佳 ESG 计划（希望村工程）奖	亚洲电力奖评委会
28	国家能源投资集团有限责任公司	亚洲	印度尼西亚	西冷区域火灾协助处理荣誉证书	万丹省西冷市区域灾害管理局
29	国家能源投资集团有限责任公司	欧洲	希腊	"干事创业、担当有为"卓越奖	中国驻希腊大使馆
30	国家电力投资集团有限公司	亚洲	巴基斯坦	国家电投所属中电胡布发电有限公司在巴基斯坦总理府举行的"共同繁荣的贡献者"表彰仪式上获得"中巴经济走廊杰出贡献奖"	巴基斯坦政府
31	国家电力投资集团有限公司	欧洲	英国	国家电投所属澳大利亚太平洋水电非执行董事罗杰·吉尔"莫索尼水电杰出成就奖"	2023 年世界水电大会
32	中国长江三峡集团有限公司	亚洲	中华人民共和国	入选中国上市公司共建"一带一路"十年百篇最佳实践案例	发展改革委国际合作中心、中国上市公司协会
33	中国长江三峡集团有限公司	亚洲	中华人民共和国	"第十一届全国电力企业管理创新论文大赛"二等奖	电力企业管理创新论文审定委员会
34	中国长江三峡集团有限公司	欧洲	英国	莫索尼水电杰出成就奖	IHA 世界水电协会
35	中国能源建设集团有限公司	非洲	中非	中非共和国优质工程	中非共和国能源公司

续表

序号	所属集团	洲	奖项颁发机构 国家（地区）	表彰与嘉奖内容	奖项颁发机构
36	中国能源建设集团有限公司	亚洲	中华人民共和国	公司西北非区域总部市场投资部获"中央企业青年文明号"荣誉称号	中央企业团工委
37	中国能源建设集团有限公司	亚洲	中华人民共和国	公司《回家的路》荣获第六届中央企业优秀故事一等奖	国资委宣传局、人民网
38	中国能源建设集团有限公司	非洲	中非	博阿利2号水电站修复及厂房扩建项目获颁中非共和国优质工程奖	中非共和国能源公司
39	中国东方电气集团有限公司	亚洲	中华人民共和国	2023年度中国对外承包工程A级企业	中国对外承包工程商会
40	中国东方电气集团有限公司	亚洲	中华人民共和国	2022年度中国对外承包工程企业电力工程30强	中国对外承包工程商会
41	中国东方电气集团有限公司	亚洲	中华人民共和国	2022年度中国对外承包工程企业100强	中国对外承包工程商会
42	中国东方电气集团有限公司	亚洲	中华人民共和国	2022年中国企业境外电力项目签约额排名第9位	中国机电产品进出口商会

有关说明：

1. 本书附录3～附录10中统计数据由国内具有代表性的部分行业企业报送，主要包括国家电网、南方电网、中国华能、中国大唐、中国华电、国家能源集团、国家电投、中国三峡集团、中核集团、中广核、中国电建、中国能建、内蒙古电力、电气装备、哈尔滨电气、东方电气、上海电气、正泰集团、京能集团、深圳能源和北京四方继保自动化股份有限公司等单位。

2. 数据周期：报告中的数据统计周期为各年份当年。

3. 数据真实性：各单位报送的数据，视为经各集团公司审查的真实数据，本报告不再对数据本身进行核查。

4. 数据局限性：因报送数据单位有限，本报告为不完全统计。

后记

在《中国电力行业国际合作年度发展报告 2024》编撰过程中，国家电网、南方电网、中国华能、中国大唐、中国华电、国家能源集团、国家电投、中国三峡集团、中核集团、中广核、中国电建、中国能建、广东能源、合作组织、内蒙古电力、电气装备、哈尔滨电气、东方电气、中煤集团、上海电气、特变电工、正泰集团、京能集团、深圳能源等中国电力企业联合会相关理事单位为报告提供了资料；北京四方继保自动化股份有限公司等单位也为报告提供了相关资料，在此一并表示衷心感谢！

受编撰时间、资料收集和编者水平所限，报告难免存在疏漏和不足之处，恳请广大读者谅解并批评指正。